W0350611

Aux vents des mers australes

DE LA MÊME AUTRICE

Les Aventurières du ciel, *Points, 2021*
Femmes d'aventures *(collectif), Points, 2022*
Les Écrivains sous les drapeaux *(collectif), Fayard, 2022*

Katell Faria

Aux vents des mers australes

Stock

Graphisme de couverture : Julia Bourdet

ISBN : 978-2-234-09535-9

© Éditions Stock, 2024

Aux marins du Nivôse
Merci de m'avoir considérée comme
une des vôtres le temps de quelques semaines…

« La mer est un espace de rigueur et de liberté. »

Victor Hugo

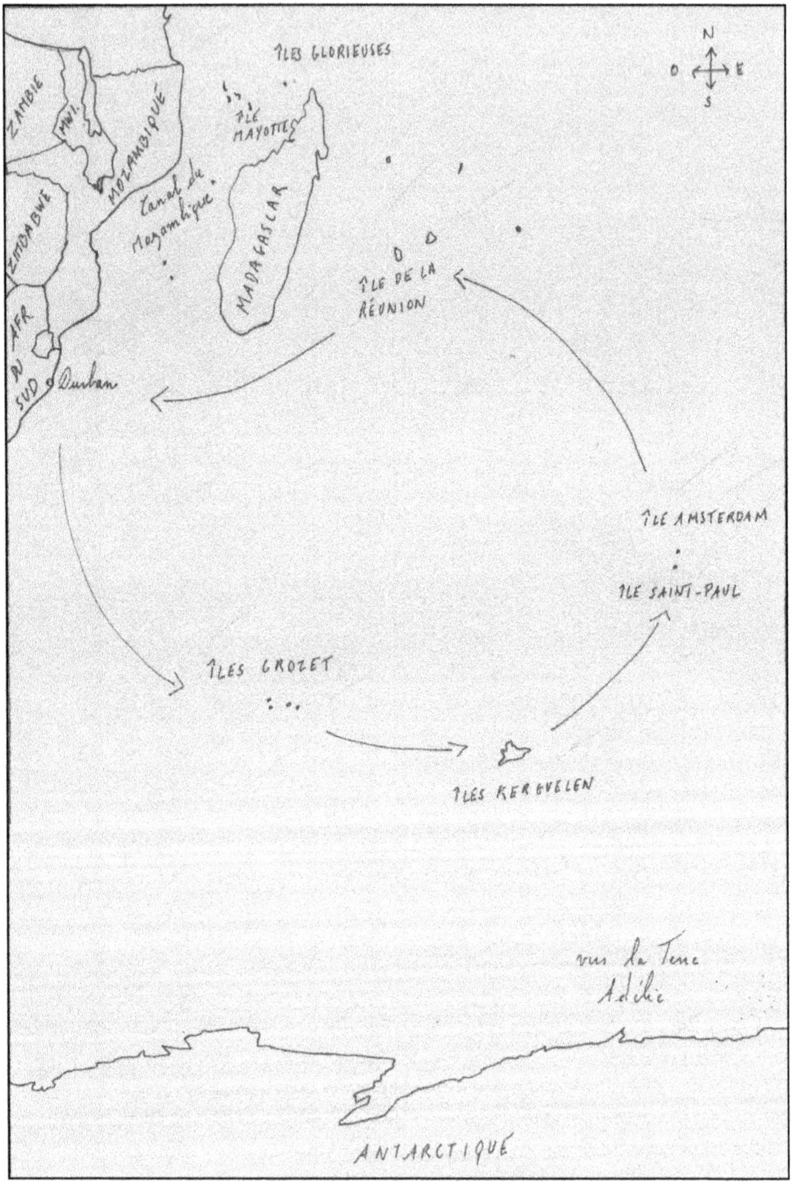

Terres australes et antarctiques françaises

Prologue

C'était début novembre 2022.

J'étais au téléphone avec Patrice Franceschi, fameux écrivain aventurier pour qui j'ai une grande admiration et que j'ai la chance de compter parmi mes amis. Il voulait me faire part d'un projet d'aventure qu'il avait pour moi.

Je m'étais figée quelques secondes, tel un chien d'arrêt aux aguets. Je connais bien Patrice. J'ai confiance dans son jugement et son instinct. S'il disait avoir une idée me concernant, je pouvais être certaine qu'il visait juste. Il m'avait lancé :

« Katell, que dirais-tu d'embarquer sur la frégate de surveillance *Nivôse* afin d'écrire un livre sur sa mission dans les Terres australes ? »

Je n'en revenais pas. Ce qu'il me proposait, c'était tout simplement de participer à l'une des missions les plus mythiques de la Marine nationale. D'appareiller depuis l'île de La Réunion, tout près de Madagascar, pour descendre au sud de l'océan Indien et naviguer sur les mers australes, entre les quarantièmes rugissants et les cinquantièmes hurlants... De mettre le cap sur les plus vastes terres émergées de cette partie du globe : les archipels Crozet et Kerguelen, ainsi que les îles Saint-Paul et Amsterdam.

Les terres de la Désolation.

Un immense territoire né sur d'anciens volcans immémoriaux...

Des paysages âpres façonnés par des vents impitoyables...

Des sanctuaires marins où patrouillent les orques et chantent les baleines...

Des îles lointaines et mystérieuses que je croyais inaccessibles au commun des mortels.

Jamais je n'aurais cru avoir la chance de les voir un jour. Mais voilà que Franceschi me proposait de les découvrir, qui plus est sur un bateau de la Marine nationale !

« Comment serait-ce possible ? avais-je demandé, incrédule.

— Le commandant du *Nivôse* a invité un écrivain de marine à son bord pour sa prochaine mission, qui aura lieu de fin janvier à début mars. Mais il s'avère qu'aucun de mes camarades n'est libre...

— Pas même toi ?

— Moi, c'est différent : je connais déjà le *Nivôse*. J'ai participé à cette mission il y a trois ans ! »

Je commençais à sentir monter en moi deux sentiments contradictoires : à une douce euphorie s'opposait une légère inquiétude, probablement suscitée par ma prudence naturelle. Comme si je voulais anticiper le moindre obstacle, de peur de vivre plus tard une déception.

« Patrice, je ne suis pas écrivain de marine ! avais-je objecté, ignorant alors que je serais élue membre de cette confrérie quelques mois plus tard. Comment pourrais-je prétendre à embarquer ?

— Ne t'en fais pas, Katell, je ne pense pas que cela posera de problème. Mes camarades verront tout à fait l'intérêt de te donner cette place puisque tu écrirais un livre sur le *Nivôse*. Ça irait dans le sens de notre volonté de faire connaître au public la Marine nationale. »

Je retranscris de mémoire l'essentiel de cet échange en ayant conscience d'oublier une foule de détails, notamment, j'imagine, toutes les précautions rhétoriques qui s'imposent lorsqu'on fomente ce genre de projet et dont Franceschi a certainement fait usage, histoire de prévenir toute désillusion : il devait bien y avoir quelques « peut-être », « encore faut-il », « rien n'est sûr »... Mais derrière sa retenue cartésienne, je sentais la confiance de l'aventurier véritable – une confiance contagieuse, capable d'effacer en vous la moindre trace de scepticisme ou de cynisme. Franceschi fait partie de ces personnes qui, par la seule force de leur travail et de leur volonté, peuvent déplacer les montagnes pour que l'impossible advienne. Malgré tout, l'incertitude est un paramètre que l'on se doit de prendre en compte au moment où s'envisage une telle entreprise. Cela fait partie du jeu, et c'est même tout l'intérêt de l'affaire.

Les aventures s'écrivent au conditionnel.

Je doute qu'un embarquement à bord d'une frégate de surveillance puisse être considéré comme une aventure au sens traditionnel du terme, tel que le décrit le Larousse – c'est-à-dire une entreprise comportant des difficultés, une grande part d'inconnu, parfois des aspects extraordinaires, et à laquelle participent une ou plusieurs personnes. Cela dit, une mission portant vers des mers lointaines au sein d'un équipage de la Marine nationale composé de près de cent marins représente de toute évidence une expérience humaine exceptionnelle. Et c'est peut-être ce qui m'intéresse le plus, dans ce genre d'affaires : la rencontre avec l'autre ; l'apprentissage de la vie ; la connaissance du monde. Voilà qui m'importe plus que la recherche d'exotisme.

Pourtant, le moins qu'on puisse dire est que je n'ai pas toujours été comme cela.

Il m'arrive d'éprouver de la gêne lorsqu'on me demande quelles études j'ai suivies plus jeune. J'ai pris l'habitude de glisser avec un sourire que je me suis fourvoyée en *business school*, ce qui ne laisse pas d'étonner mes interlocuteurs: « Comment est-ce possible ? » me demandent-ils, interloqués, comme s'ils ne pouvaient imaginer pareille erreur de casting. Ma réponse varie peu: « Manque de caractère. » À l'âge de dix-huit ans, j'avais intégré sur le conseil de mes parents une école de commerce dont le programme s'étalait sur cinq ans, du bac au Master 2. Analyse financière, marketing, logistique, commerce international... Ces matières, bien qu'intéressantes, n'avaient aucun attrait pour moi et je les étudiais sans jamais en retenir quoi que ce soit, comme si mon cerveau les rejetait en bloc. J'aurais dû partir, mais je ne pouvais m'y résoudre. Le conformisme social, le manque de confiance en moi, la peur de l'échec, l'obsession de la sécurité financière m'entravaient de toutes parts. J'étais comme un poney sauvage à qui l'on aurait infligé filet, selle, cravache et coups d'éperon. Sauf qu'en l'occurrence, j'étais aussi ma propre cavalière, puisque je consentais à cette vie masochiste... Tout juste m'étais-je accordé quelques ruades, comme à l'âge de vingt ans, quand j'avais décidé de profiter des vacances d'été pour faire une préparation militaire supérieure – sorte de stage découverte – au sein de la Marine nationale.

Pour être tout à fait honnête, je ne me souviens guère des connaissances acquises durant ces trois semaines passées au Centre d'instruction naval de Brest. Je me rappelle surtout avoir écrit des pages entières sur la sécurité des navires, m'être exercée à manipuler un extincteur, avoir passé avec succès l'examen portant sur la partie théorique du permis bateau et avoir appris à marcher au pas. Je me souviens aussi d'avoir rencontré quelques fusiliers marins et démineurs, d'avoir visité un remorqueur de haute mer et de m'être rendue sur la base secrète de l'île Longue, située en presqu'île de Crozon. Mais l'essentiel n'était pas là. Si cette expérience m'a tant marquée, c'est sans doute parce qu'elle m'a permis, pour la première fois de ma vie, de toucher du doigt ce que signifie le mot « fraternité ».

Un sentiment que je n'ai cessé de chercher depuis : d'abord durant mes années de réserve opérationnelle dans un régiment de cavalerie blindée de l'armée de terre, de 2013 à 2016 ; puis dans les unités combattantes kurdes de Syrie, que j'ai intégrées à l'été 2019 comme écrivaine combattante, afin de raconter dans un livre leur lutte face au totalitarisme, qu'il se manifeste sous les traits de l'État islamique, de Recep Tayyip Erdoğan ou de Bachar el-Assad. C'est auprès de ces femmes exceptionnelles appartenant aux Yekîneyên Parastina Jin (YPJ), que j'ai observé la forme la plus pure, la plus absolue de fraternité. Leur lutte était existentielle : elle ne laissait aucune place à la division, à la faiblesse ou au découragement. Jamais je n'oublierai leur exemple.

Comprendre ce qui pousse les êtres à faire corps pour défendre ce en quoi ils croient, voilà un sujet qui me passionne.

Il me tardait donc de découvrir comment s'incarne cette communion d'esprit au sein d'un équipage de la Marine nationale.

Chapitre I

Revoir l'île intense

Samedi 21 janvier

« La Réunion ! »

Il est 6 heures, ce matin, lorsque mon avion se dirige vers la côte où se trouve l'aéroport de l'île intense.

« L'Île intense ! » me dis-je encore tandis qu'au même moment, mon cœur se serre un peu. Plus que je ne le voudrais…

Cirques sauvages, plages de sable noir, ravines tropicales, pitons impétueux et cascades paradisiaques… Les trésors qu'abrite cette île justifient de l'aimer follement. Mais la sincérité m'oblige à reconnaître qu'aucune de ces beautés n'explique vraiment mon attachement à La Réunion. La vérité est plus simple : j'y ai vécu des événements qui ont marqué ma vie. Un court bonheur et deux malheurs. Et ce matin, leur souvenir me harcèle dans une farandole cruelle.

Mon unique séjour sur cette île remonte à neuf mois. Je m'y rendais dans l'objectif d'une immersion de dix jours au deuxième régiment de parachutistes d'infanterie de marine (2e RPIMa). L'écrivain et journaliste Jean-René Van der Plaetsen avait eu l'idée, avec les éditions Fayard et l'état-major spécialisé pour l'outre-mer et l'étranger, de proposer à dix-sept auteurs d'écrire sur autant d'unités des troupes de marine qui fêtaient les quatre cents ans de leur création par Richelieu. De cette expérience atypique devaient naître dix-sept textes qui, une fois assemblés, formeraient un ouvrage intitulé *Les Écrivains sous les drapeaux*. Nous avions le choix du régiment et j'avais demandé le 2e RPIMa, que le frère aîné de ma grand-mère avait commandé cinquante ans plus tôt. Ce faisant, je souhaitais rendre hommage au grand guerrier qu'il avait été, ainsi qu'à ceux qui avaient pris sa suite.

À cette période, je tentais de mettre fin à une histoire dont je comprenais, après avoir longtemps espéré un dénouement heureux, qu'elle était sans issue. Cela faisait des mois que je m'étiolais inexorablement. Plusieurs fois, j'avais tenté de quitter cet homme. Mais il est difficile de s'arracher aux bras d'un être qui vous appelle « ma vie » : la simple idée d'être séparée de lui vous donne le sentiment de mourir un peu. Nous étions si fusionnels que je craignais, si je partais, de ne jamais m'en remettre. Pire : j'étais persuadée que personne ne pourrait jamais plus m'inspirer de tels sentiments. Tout homme, même remarquable, me semblait fade, sans épaisseur, à côté de lui.

Pourtant, à La Réunion, j'avais rencontré un militaire aux traits racés, au front insolent et à la silhouette sèche. Il était ce que les parachutistes qualifient de « chat maigre ». Son charisme, mélange d'intelligence, de confiance, d'ironie et de sévérité, m'avait intriguée. Il émanait de cet homme une aura singulière, un magnétisme que mes yeux ne se lassaient pas d'observer. Les siens, en revanche, me considéraient avec un détachement qui m'empêchait d'imaginer quoi que ce soit… Jusqu'à ce qu'un jour ils se posent sur moi d'une manière très différente : profonde, sincère et tendre. J'en avais été remuée au plus profond de mon être. À propos du regard, Victor Hugo écrit dans *Les Misérables* : « Rien n'est plus réel que ces grandes secousses que deux âmes se donnent en échangeant cette étincelle. » Que puis-je ajouter à cela ? Rien, sinon que cette secousse avait été comme une révélation. Le hasard voulait qu'au moment où je m'y attendais le moins, un homme me donnait le courage de quitter celui sans qui je ne pensais pas pouvoir vivre. Rien n'était perdu.

Très vite, j'avais appelé celui qui partageait ma vie pour lui dire que nous devions nous séparer. Mais ce n'est que sur le chemin de l'aéroport, trois heures avant mon vol pour Paris, que j'avais trouvé la force de téléphoner à mon beau militaire pour lui proposer de décaler mon départ afin de parler de ce qui avait tout d'un coup de foudre réciproque. Il avait accepté et j'avais fait demi-tour, laissant l'avion partir sans moi. Nous nous étions vus le soir même. J'étais venue à lui tremblante d'émotion, d'espoir, d'inquiétude aussi. Très vite, j'avais senti, malgré son intérêt, qu'il n'y avait pas de place pour moi dans le cœur de cet homme que le fantôme d'une autre femme semblait habiter. Le lendemain, il m'avait écrit pour me dire qu'il ne voyait pas d'avenir pour nous. Sur le moment, j'avais cru accepter sa décision. Ce que je ne savais pas encore, c'est qu'il était trop tard pour moi : j'étais amoureuse.

Il paraît que lorsqu'un homme éconduit une femme, celle-ci doit faire mine de l'ignorer afin d'éveiller en lui des instincts conquérants. Moi, je ne sais pas feindre l'indifférence : quand j'aime, je monte à l'assaut et fonce droit sur l'obstacle comme s'il avait été placé là dans le seul but d'éprouver la force et la pureté de mes sentiments. Erreur fatale. J'avais cru rejouer la bataille du pont d'Arcole; dans les faits, cela avait plutôt été la Bérézina. J'étais rentrée à Paris quelques jours plus tard le cœur écrasé de chagrin, meurtrie à la fois par l'agonie d'un amour et l'avortement d'un autre.

C'était il y a presqu'un an. Je ne me suis remise ni de l'un ni de l'autre.

Et me voilà, à présent.

Jamais je n'aurais pensé retrouver si vite l'île intense.

Je ne peux m'empêcher de penser qu'en me faisant embarquer à bord du *Nivôse* pour écrire ce livre, la vie m'offre aussi l'opportunité de guérir de ces blessures.

Dimanche 22 janvier

Il est 12 h 15 lorsque l'amie chez qui j'ai passé la nuit me dépose à la Pointe-des-Galets, port d'attache du *Nivôse*.

« L'aventure commence ici », me dis-je en regardant la voiture s'éloigner. Je sonne à l'interphone de la grille, la porte s'ouvre sur l'aubette à l'intérieur de laquelle se trouve un civil assurant seul la permanence en ce dimanche. Pendant qu'il contacte le *Nivôse* afin de signaler ma présence, je parcours du regard la darse, le bassin où reposent les bateaux : l'endroit est absolument désert. Dieu sait pourquoi on m'a demandé de venir à une heure si précise... Deux minutes plus tard, un marin d'une trentaine d'années à la gueule extraordinaire et pourvu d'une belle barbe se présente pour m'emmener au navire. Nous passons à côté d'une première frégate que mon guide m'indique comme étant le *Floréal*, avant d'arriver à la hauteur de la poupe du *Nivôse*. Ce dernier flotte sur les eaux grises de la darse, l'air mélancolique, sous un ciel aux lourds nuages – le temps est maussade en ce jour d'été austral. De cette frégate de surveillance, sortie il y a exactement trente ans des Chantiers de l'Atlantique et que ses missions ont amenée à faire près de trente-six fois le tour de la Terre, je ne connais que peu de choses en dehors des caractéristiques techniques qui m'ont été signalées dans le livret d'accueil que l'on m'a fait parvenir par mail. Voici, en quelque sorte, sa carte d'identité :

Longueur : 93,5 mètres
Largeur à la flottaison : 14 mètres
Déplacement maximum : 2950 tonnes
Tirant d'eau : 4,4 mètres
Vitesse maximale : 20 nœuds
Autonomie : 50 jours

Rien de cela ne me parle vraiment puisque mon expérience en matière de navigation se résume à quelques stages de catamaran effectués au cours de mon adolescence. Quant à ma préparation militaire supérieure dans la marine d'il y a treize ans, autant dire qu'il ne m'en reste rien, à part un vague souvenir des grades… En revanche, je porte sur mon épaule le grand sac marin kaki que j'avais reçu à l'époque – une manière, pour moi, de lier le passé au présent. Et tandis que j'emprunte d'un pas guilleret la coupée du *Nivôse* qu'habille un calicot arborant le nom de la frégate, j'ai presque envie de faire un saut dans le temps pour flanquer une bourrade à celle que j'étais autrefois et lui lancer dans un éclat de rire : « Si tu savais ce qui t'attend dans treize ans ! Une mission à bord d'une frégate de surveillance ! Et dans les Terres australes ! Les Terres australes, ma vieille ! »

Une fois la coupée franchie, j'arrive sur l'arrière du bateau, sur une large plateforme cernée de rambardes métalliques destinée aux décollages et appontages de l'hélicoptère. C'est la plateforme hélicoptère (PLH). Là, sous une sorte de barnum qui la protège du soleil, se tient une grande jeune femme d'environ 1,85 mètre, vêtue d'une combinaison bleu marine. Elle m'accueille avec un sourire chaleureux. « Belle femme », me dis-je en contemplant ses cheveux outre-noir et ses grands yeux verts bordés de longs cils ourlés de mascara. Ce second maître s'appelle Linda et je ne peux m'empêcher de penser que ce prénom lui sied à ravir : « linda » ne signifie-t-il pas « charmante » en espagnol ? Peut-être son charme lui vient-il de ses origines italiennes et tunisiennes...

Comme je m'étonne de trouver la frégate si vide, Linda m'en explique le fonctionnement quand elle est à quai : « Nous sommes seulement neuf marins à assurer la permanence en dehors des heures travaillées, ce qui inclut le dimanche. Mais, vous verrez, demain, jour de l'appareillage, tout le monde sera à bord dès 6 h 30 du matin ! Je vais en profiter pour vous faire visiter le bateau ainsi que le poste féminin où vous dormirez pendant toute la durée de la mission. »

L'idée de faire une visite me semble excellente mais, très vite, je me rends compte qu'il m'en faudrait au moins dix pour pouvoir me repérer. Chaque échappée, chaque descente, chaque coursive me semble identique aux autres et je serais bien incapable de retrouver les pièces et locaux que je découvre. PC machines, électricité et sécurité (PC MES), voilerie, soute à fret, local barre, local auxiliaire milieu... Je suis déjà perdue et les acronymes dont les militaires ont le secret ne me facilitent pas la tâche. Linda me présente aussi les différents lieux de vie commune, appelés carrés, qui, s'ils n'ont rien de luxueux, ne manquent pas de caractère : murs lambrissés, comptoirs d'allure rustique, tables en bois sombre, objets en cuivre... Je suis bien dans la marine et ce constat me rassure. J'aurais détesté prendre mes repas dans des endroits sans âme. « Sur les grands bateaux, poursuit Linda, chaque catégorie de grade a son propre carré : officiers mariniers, officiers mariniers supérieurs, officiers subalternes... Mais le *Nivôse* a été conçu différemment. Vous avez une cafétéria réservée à l'équipage, c'est-à-dire nos vingt-deux quartiers-maîtres et matelots ; un carré OM/OMS réservé aux soixante-deux officiers mariniers et officiers mariniers supérieurs ; et un carré commandant pour les quatorze officiers. »

Quand je m'enquiers de sa fonction à bord, je comprends que la répartition du travail dans la marine n'a rien à voir avec celle qui régit l'armée de terre : « Les marins ont une fonction mais cumulent plusieurs rôles, m'explique-t-elle. Notamment celui de pompier, indispensable pour embarquer. Tenez, moi, par exemple, en temps normal, je suis chargée des ressources humaines. Mais ici, à bord du *Nivôse*, je suis l'assistante personnelle du commandant, ainsi que "barreuse", c'est-à-dire pilote. Je suis aussi cheffe de l'équipe de visite, qui contrôle les embarcations soupçonnées de transporter de la drogue. »

Nous sommes loin du *bullshit job*, pourtant il semblerait que Linda ne mesure pas à quel point son profil est impressionnant pour une personne issue du monde civil. Et lorsque je lui demande ce qui lui vaut son allure athlétique, cette jeune trentenaire me répond qu'en plus d'être fan de trails et passionnée de plongée, elle est capitaine de l'équipe de France militaire féminine de rugby. Rien que ça !

C'est alors que Linda ose me dire ce qu'elle a en tête depuis qu'elle m'a aperçue en haut de la coupée, au moment de mon arrivée : « Nous nous sommes déjà croisées, vous et moi. C'était l'année dernière, sur l'embarcadère de la ville de Saint-Paul, pendant l'exercice interarmées Papangue ! Vous étiez venue avec les gars du 2e RPIMa qui participaient à un exercice d'évacuation de ressortissants mené avec le *Nivôse*. » Je fouille dans ma mémoire. Mais oui… À bien y réfléchir, elle ne m'est pas étrangère. Qui aurait pu prévoir que le hasard nous réunirait sur ce bateau moins d'un an plus tard ?

Mais peut-on vraiment parler de hasard ? Je regarde Linda, ses yeux sans nuage et son sourire sincère, de ceux qui ne savent pas tricher. Sans doute sais-je déjà que nous serons bientôt amies. Cela me tranquillise un peu, car dire que j'aborde cette aventure sans aucune appréhension serait mentir. Je sais d'expérience que la découverte d'une communauté, quelle qu'elle soit, constitue un pari dont il est difficile de prévoir avec certitude le succès. Le bon déroulement de ce genre de démarche dépend pour beaucoup de son environnement – s'il est sain ou malsain, par exemple. Ainsi, de mes années en entreprise, je garde le souvenir de quelques paniers de crabes. Quant à mon contrat en tant que réserviste de l'armée de terre... Disons qu'en tant qu'unique femme sur une centaine de soldats – durant la première année du moins –, j'avais dû supporter non seulement que la moindre de mes erreurs soit exagérée, mais aussi que ma personne soit l'objet de ragots infondés et de blagues du plus mauvais goût. Heureusement, il y a toujours de chics types pour racheter les médiocres... Rien n'est tout blanc ni tout noir. De toute manière, ce n'est pas ce que je crains en ce qui concerne le *Nivôse*, car la Marine nationale a la réputation de mieux accueillir les femmes que l'armée de terre. En revanche, je suis curieuse de découvrir l'atmosphère qui règne au sein de l'équipage. Après tout, un bateau est un lieu clos où peuvent fermenter à loisir agacements, rancœurs et frustrations. Qui sait ce que cela donnera après quelques semaines de navigation ? Quelle que soit la réponse, je la connaîtrai tôt ou tard. Il paraît qu'en mer, tout finit par se savoir...

Dans *Les Secrets de la mer Rouge*, le grand écrivain baroudeur Henry de Monfreid dit ceci : « N'ayez jamais peur de la vie, n'ayez jamais peur de l'aventure, faites confiance au hasard, à la chance, à la destinée. Partez, allez conquérir d'autres espaces, d'autres espérances. Le reste vous sera donné de surcroît. »

Lundi 23 janvier

Jour de l'appareillage. Ce que m'avait dit Linda se confirme. À 6 h 15, la coursive principale fourmille de dizaines de marins de tous grades, très affairés, auxquels je lance de grands sourires et des « bonjour » guillerets, ravie que la vie reprenne ses droits sur ce bâtiment hier désert.

Avec Lucas Menget, le directeur adjoint de France Info, qui profite d'une année de césure pour embarquer sur le *Nivôse* afin d'écrire une série d'articles sur les îles des Terres australes et antarctiques françaises (TAAF), nous sommes invités à rejoindre le carré commandant pour être présentés au capitaine de frégate Guillaume Bléhaut[1], commandant du *Nivôse*, que la tradition veut qu'on appelle le pacha. De taille moyenne, le

1. Pour des raisons de confidentialité, il est interdit de donner les noms de famille des marins, à l'exception de celui du commandant.

regard expressif, il arbore une courte barbe ainsi qu'une longue mèche de cheveux qui tente de dissimuler un début de calvitie. Plutôt sympathique, affable et dynamique, je dirais. Ce qui tombe bien, tant le caractère d'un chef a d'impact sur son équipage.

Il tient à m'exprimer la raison pour laquelle il a souhaité inviter un écrivain à bord : « Nos missions nous accaparent au quotidien, ce qui est une excellente chose car nous sommes tous passionnés par ce que nous faisons et qu'un bateau requiert une attention de tous les instants. Mais il me semble que nous ne prenons pas assez de recul sur ce que nous vivons. Nous consacrons peu de temps à la contemplation qui, pourtant, devrait être indissociable de la vie de marin. » J'acquiesce évidemment à ces propos qui justifient ma présence, d'autant que je les partage sincèrement. Tant de chefs réduisent la vocation militaire à un simple métier, oubliant la nécessité d'y associer une réflexion littéraire ou philosophique…

Ouvrant une porte à hublot du carré, il nous invite, Lucas Menget et moi, à nous rendre sur une des coursives extérieures de la frégate. Il nous désigne les autres bateaux militaires qui se mettent en branle pour sortir de la darse.

« Tout à l'heure, nous quitterons le port au même moment qu'eux, car nous devons mener ensemble l'exercice Paille-en-Queue. Nous resterons au large des côtes réunionnaises jusqu'à demain soir le temps d'y participer, puis nous les quitterons afin de faire route en direction de Durban, en Afrique du Sud, où nous ferons escale avant de mettre le cap vers l'archipel Crozet. Ce détour nous permettra de ne pas prendre les vents venus d'ouest de manière directe, mais plutôt de les contourner pour les avoir dans le dos par la suite. »

Mon regard passe d'un bateau à l'autre avec amusement. Cette flotte a le charme de l'éclectisme : il y a le *Champlain*, un bâtiment multimissions très moderne ; le *Malin*, un ancien palangrier hondurien saisi par la Marine nationale en action de pêche illégale et reconverti en patrouilleur ; et la frégate de surveillance *Floréal*, jumelle parfaite du *Nivôse*, avec qui elle partage tour à tour son hélicoptère *Panther*. Ajoutez-y le *Nivôse*, et ces bâtiments forment la composante maritime des forces armées de la zone sud de l'océan Indien (FAZSOI). Réparties sur La Réunion et Mayotte, elles constituent, avec les forces armées en Nouvelle-Calédonie et celles en Polynésie française, la « clé de voûte de l'action de défense française » dans la zone indopacifique, qui est le « nouveau centre névralgique des tensions mondiales », comme le dit un rapport de la commission des finances du Sénat datant de 2022. Tout cela serait très impressionnant aux yeux de la profane que je suis si ce rapport ne pointait pas également l'insuffisance des moyens mis à disposition desdites forces pour mener à bien leurs missions de protection du territoire national, de maintien de notre souveraineté et de préservation des ressources. En effet, la révision générale des politiques publiques, qui date de 2008, a imposé une diminution de 20 % de leurs effectifs et une baisse des crédits d'investissement de 13 % à l'époque où toutes les marines de l'Indopacifique – Chine, Corée du Sud, Indonésie et Inde – réarmaient.

No comment...

Nous quittons la coursive extérieure pour monter à la passerelle, lieu parcouru de vitres et bardé de consoles électroniques où s'opère la navigation du bateau. La tension est palpable : nous commençons tout juste à appareiller. Le commandant se trouve sur une sorte de balcon attenant qu'on appelle aileron – il en existe deux : un à bâbord, l'autre à tribord. Il se tient à côté d'un jeune officier blond plutôt trapu qui, les bras posés sur le bastingage, scrute l'écart entre le bateau et le quai, et dont j'apprendrai plus tard qu'il s'agit du commandant adjoint opérations (Comops), autrement dit le numéro trois de la frégate. Les ordres fusent, que des matelots jouant le rôle de perroquets répètent d'une voix forte pour s'assurer de leur transmission. Je tâche de me faire discrète pour ne pas déconcentrer qui que ce soit et j'observe, fascinée, l'ambiance qui règne en ce moment particulier. On se croirait au beau milieu d'une vente à l'hôtel Drouot, lorsque commencent les enchères d'un lot exceptionnel et que la salle entière, suspendue aux lèvres du commissaire-priseur, retient son souffle. Tout se passe pour le mieux, heureusement, et bientôt nous appareillons sous un ciel si bas et blanc qu'il semble couvrir l'île comme une chape.

À présent que les quatre bateaux sont sortis du port, l'exercice Paille-en-Queue, du nom d'un célèbre oiseau réunionnais, peut commencer. Il consiste en un enchaînement d'exercices de lutte antinavire, d'évolutions tactiques, de manœuvres de ravitaillement à la mer, ou d'entraînement au tir d'artillerie. Assis sur le siège surélevé réservé à son usage exclusif et qui trône au milieu de la passerelle, le commandant, pédagogue, m'en explique les enjeux: « L'essentiel est de déceler l'autre au plus tôt. Mais le problème, voyez-vous, c'est que La Réunion n'offre nulle part où se cacher. Pas de criques, pas de chapelets d'îles… Nous sommes très exposés. Au moins les choses sont claires. Puisque ce cadre ne fait pas de cadeau, les points forts et les points faibles de chacun ressortent nettement. »

Malgré ces explications, je ne me fais aucune illusion sur ma compréhension des événements à venir : je connais les militaires, la complexité de leurs exercices et leurs innombrables acronymes. J'imagine que je noterai quelques informations relevées çà et là, mais il y a fort à parier que trop de choses seront inintelligibles pour que je saisisse réellement l'ensemble.

Puisque je suis en paix avec ma conscience, je peux à présent me sentir libre de m'organiser comme mon instinct me le suggère. Aussi, plutôt que de me ronger les sangs à l'idée de ne rien comprendre, je prends le parti de m'adonner à la pure contemplation tandis que l'équipage se trouve en pleine action. Je quitte donc la passerelle pour me rendre sur l'aileron bâbord. Assise sur un siège escamotable fixé au bastingage, je savoure la gifle des embruns sur mon visage en admirant les quatre grands dauphins qui s'élancent au-devant de nous, perçant les flots de leurs plongeons têtus. Perdue dans mes pensées, je caresse doucement la coque du bateau et, ce faisant, je sens sous mes doigts une sorte de dépôt irrégulier. Je relève la main : elle est parsemée de fleur de sel. Les cristaux se sont formés pendant que le *Nivôse* se reposait au port. Je souris. Il me semble déjà mieux le connaître.

Chapitre II

Cap sur Durban

Mardi 24 janvier

Nous sommes l'après-midi et je profite d'un temps mort entre deux exercices pour contempler l'océan depuis l'aileron bâbord, où me rejoint le premier maître Nicolas, météorologue océanographe – métoc, dans le jargon de la marine –, affecté sur le *Nivôse* pour la durée de cette mission et dont j'ai déjà fait la connaissance le jour de mon arrivée. Taille moyenne, carrure de sportif, cheveux en brosse et regard bleu clair. Sympathique. Sortant mon carnet de notes, je lui demande :

« Vous pourriez me faire un état de la situation du jour ?

— Bien sûr, me répond-il avec une sorte de flegme propre aux experts. Vent de nord-ouest 15 à 25 nœuds, état de mer 3-4, rafales de 20 à 25 nœuds par houle de secteur sud à 1 mètre pour 10 secondes de période.

— Qu'est-ce que cela veut dire, "pour 10 secondes de période ?"

— Cela veut dire que le bateau est impacté par la houle toutes les dix secondes.

— Excusez-moi, dis-je, un peu gênée de mon ignorance. Mais pouvez-vous m'expliquer la différence entre houle et vague ? Je crois que j'utilise indifféremment les deux…

— C'est une confusion courante. En réalité, une houle est un mouvement de la mer créé par un vent lointain. Elle est régulière, arrondie. On la caractérise par une direction, une hauteur, une période. Tenez, lance-t-il en me faisant signe de m'orienter plus à gauche, regardez par ici. Vous voyez ce mouvement d'ondulation qui vient vers nous ? C'est la houle. Tandis que les vagues, d'une forme irrégulière et tranchante, sont générées par le vent qui souffle en ce moment. On ne peut pas les confondre : on voit très bien qu'elles suivent une autre direction. »

Je demande :

« On m'a parlé d'une tempête tropicale. Est-ce qu'elle est près d'ici ?

— Il s'agit d'un reste de dépression venant du nord de Madagascar qui est en train de perdurer dans le canal du Mozambique alors qu'on pensait qu'elle y mourrait. Pour l'instant, ce n'est pas encore une tempête tropicale, car ses vents sont inférieurs à 34 nœuds. Mais elle semble se régénérer et poursuivre sa course vers le sud. C'est pour éviter qu'elle croise notre chemin quand nous passerons au sud de Madagascar que nous terminons l'exercice Paille-en-Queue plus tôt que prévu. Il ne faudrait pas briser la coque !

— Est-ce que cela pourrait arriver ? m'enquiers-je, stupéfaite.

— Même sans aller jusque-là, une dépression peut sérieusement abîmer un bateau. Elle pourrait par exemple faire sauter les gonds d'une porte et créer une voie d'eau. »

C'est ainsi que, quelques heures plus tard, après avoir récupéré l'hélicoptère *Panther*, ses pilotes et ses mécaniciens auprès du *Floréal* – cela fait quelques années que des restrictions budgétaires privent nos frégates d'un détachement aérien permanent –, nous mettons le cap sur Durban sans avoir pu mener les exercices prévus avec le 2e RPIMa. La fin de Paille-en-Queue sonne le début de la mission TAAF. Cette mission a notamment pour objectif de faire la police des pêches, de recueillir du renseignement, de soutenir les districts des TAAF, mais aussi et surtout d'assurer la souveraineté française sur la zone – une souveraineté que la France tient de ses îles, petits morceaux de France perdus aux confins de l'océan Indien. Il a fallu attendre 1982 pour que soit signée à Montego Bay, en Jamaïque, la Convention des Nations Unies sur le droit de la mer, qui délimite l'étendue et la nature de la souveraineté qu'exerce un État côtier. Cette convention distingue quatre zones maritimes : la mer territoriale, la zone contiguë, la zone économique exclusive (ZEE) et, au-delà, la haute mer, dont les fonds marins. Ainsi les TAAF confèrent-elles à la France un espace maritime de près de 2 300 000 km², lui octroyant au passage de précieux droits – d'exploration et d'exploitation des ressources, entre autres –, mais aussi nombre de devoirs – comme d'en préserver l'environnement, de conduire des opérations de secours en mer et de permettre la libre circulation de tous les navires. Mais il serait naïf de croire que ces espaces sont acquis *ad vitam aeternam*. En effet, certains États n'hésitent pas à instrumentaliser le droit international pour le tourner à leur avantage, quand ils ne l'ignorent pas tout simplement. De sorte que depuis quelques années se multiplient les actes relevant de la « politique du fait accompli », dont la Chine s'est fait une spécialité – par exemple en mer de Chine méridionale, où elle n'a pas hésité à annexer, coloniser et militariser plusieurs archipels situés dans des eaux par lesquelles transite près de 40 % du commerce extérieur de l'Union européenne…

Pour résumer : « Ce qui n'est pas surveillé est visité, ce qui est visité est pillé et ce qui est pillé finit toujours par être contesté », comme l'a dit l'amiral Christophe Prazuck, chef d'état-major de la marine de 2016 à 2020.

Le *Nivôse* ne mène la mission TAAF qu'une fois par an. Le reste de ses activités se répartit entre la mission de surveillance dans la zone sud de l'océan Indien (SURSOI), des périodes d'entretien durant les arrêts techniques du bateau et la mission internationale Combined Task Force 150 (CTF 150). Celle-ci contribue à la sécurité maritime ainsi qu'à la stabilité régionale en luttant contre les trafics illicites et la criminalité organisée que charrie la Smack Track, surnom donné à la route maritime de la drogue qui relie l'Asie de l'Ouest et l'Afrique de l'Est à l'Europe. C'est à l'équipe de visite, dont Linda est membre, que revient d'inspecter les boutres, ces embarcations légères et maniables souvent utilisés pour le transport de drogue, la pêche illégale, la piraterie maritime, ou pire, le trafic d'êtres humains. Je vois d'ici la scène : le second maître Linda, visage encagoulé, fusil d'assaut en travers de la poitrine, poussant la porte de la passerelle ; l'enseigne de vaisseau

Fabien, pistolet à la ceinture, cuisinant le capitaine au sujet de sa cargaison ; le quartier-maître Lucas, scannant cloisons et planchers aux rayons X pour y trouver des caches secrètes… Certaines prises ont de quoi impressionner, comme celle de mars 2021 durant laquelle le *Nivôse*, la frégate *Surcouf* et le porte-hélicoptères amphibie *Tonnerre* ont réussi, en une semaine seulement, à mettre la main sur près de neuf tonnes de drogues diverses. Il y a vingt ans, le cannabis dominait le marché des stupéfiants. Aujourd'hui, c'est à la cocaïne d'être au sommet du podium. Et à l'avenir ? Il semblerait que le Captagon s'impose. Cette drogue de synthèse, dite du djihad, relève en médecine de ce qu'on appelle les psychostimulants. C'est un type de substance que je connais bien, puisque je m'en fais prescrire depuis quelques années pour traiter un trouble du déficit de l'attention, une spécificité neurologique très pénible mais sans gravité. Quand je pense à l'argent que j'aurais pu me faire si l'envie m'avait pris de vendre quelques boîtes, je mesure à quel point le sens du business m'est étranger.

Mais pourquoi ai-je donc fait une école de commerce ?

À 20 heures sonne l'heure du deuxième service au carré commandant, celui auquel dînent souvent les plus gradés. Je dois admettre que ces repas me causent un peu d'anxiété car l'ambiance, plutôt formelle, me fait craindre de mal maîtriser les grands éclats de rire et jurons dont je suis coutumière. Certes, pour le moment, je parviens à canaliser ma spontanéité. Mais Dieu sait ce que cela donnera au bout du dixième dîner, lorsque quelques jours de mer auront usé ma vigilance...

Je ne sais à quelle occasion notre commissaire du bord, Bertille, cite une réplique célèbre attribuée au corsaire Robert Surcouf. On dit qu'à un officier anglais qui lui aurait lancé : « Vous, Français, vous vous battez pour l'argent. Nous, Anglais, nous nous battons pour l'honneur ! », Surcouf aurait rétorqué : « Chacun se bat pour ce qui lui manque. » Saisissant au vol cette occasion de me faire valoir devant la tablée – je suis, hélas, un être humain comme les autres –, j'ai l'idée d'évoquer ma lointaine parenté avec cet illustre corsaire malouin auquel je suis liée par un certain Louis Blaize, sieur de Maisonneuve, père de son épouse Marie-Catherine et armateur de plusieurs de ses bateaux, notamment du *Revenant*. Bien que j'ignore à peu près tout de mon aïeul, je m'amuse aujourd'hui du parcours pour le moins original de cet homme aux idées révolutionnaires que l'on a anobli contre son gré. En revanche, je me souviens très bien comme je prenais plaisir, plus jeune, à lire la bande dessinée consacrée à la vie de son gendre Robert Surcouf qui se trouvait dans notre bibliothèque. Cet ouvrage racontait comment ce dernier, représenté en svelte jeune homme aux traits avantageux, partait à l'aventure dans l'espoir de faire fortune afin d'être assez riche pour demander la main de son amour d'enfance, Marie-Catherine, dont on disait qu'elle était l'une des plus jolies filles de Saint-Malo. Mon petit cœur idéaliste ne pouvait résister à un tel conte de fées et, très vite, c'est moi que j'imaginais vêtue d'une robe corsetée et coiffée d'une lourde perruque, courant sur les remparts de Saint-Malo pour retrouver mon promis s'en revenant des océans tumultueux le front auréolé de gloire.

Quelques années plus tard, j'ai eu l'idée malheureuse de taper « Surcouf » dans un célèbre moteur de recherche. C'est alors qu'une gravure m'avait révélé la triste vérité : loin d'être séduisant, mon grand-oncle par alliance ne ressemblait en rien à celui que j'avais fantasmé et me semblait, au contraire, plutôt replet et disgracieux. Désillusion ! Écœurée par cette duperie, j'avais rejeté en bloc la romance que l'on m'avait vendue. Finalement, il était probable que Marie-Catherine eut été un laideron elle aussi et que son prétendu amour de jeunesse ne l'eut épousée que par intérêt financier !

Le temps a passé et l'adulte que je suis devenue s'est remise de ces accommodements avec l'histoire.

Aussi ai-je trouvé opportun d'emporter sur le *Nivôse* la retranscription de l'unique journal de bord que Surcouf ait laissé à la postérité. Ce livre raconte une campagne menée dans l'océan Indien durant laquelle s'est déroulée sa plus glorieuse prise, qu'aucun marin digne de ce nom ne peut ignorer : celle du 7 octobre 1800 où, dans le golfe du Bengale, la petite corvette *La Confiance* s'empara du vaisseau anglais *Le Kent*.

À cent dix hommes contre quatre cents.

Mercredi 25 janvier

À 7 h 30, le vibreur de mon téléphone me tire de mon sommeil. En me redressant, je manque de me cogner la tête contre la couchette supérieure, qui porte les noms de bannette, mais aussi de caille ou de niche. Le confort qu'elle procure est pour le moins sommaire, et dire que j'y dors bien serait exagéré. D'ailleurs, mon sommeil n'a jamais été très réparateur. Mais j'apprécie de vivre comme un véritable marin. Joies subtiles de la vie en immersion… L'aménagement du poste féminin, composé d'une entrée tenant lieu de pièce de vie et de deux espaces nuit, est optimisé comme seuls les militaires savent le faire, et je trouve admirable qu'on puisse y loger neuf armoires métalliques et autant de couchages répartis sur trois lits superposés de trois niveaux chacun. Je partage donc ce poste avec huit jeunes femmes dont je commence tout juste à connaître les grades et prénoms. Pour m'aider à les retenir, j'ai noté sur mon carnet :

Matelot Laurine – la jeune au visage de baby doll
Second maître Linda
– la grande brune aux yeux verts
Second maître Emma – la blonde pétillante
Second maître Cassandra – la petite beauté
Second maître Marine
– la douce aux cheveux frisés
Second maître Fatiha
– la boulangère grande gueule
Second maître Nolwenn – la ronde discrète
Premier maître Anne – la brune aux yeux tendres

Je faisais de même en Syrie, il y a trois ans.

Mon bataillon, composé d'une vingtaine de combattantes kurdes dites Yapajas, avait installé ses quartiers dans une école de ciment abandonnée située en bordure d'un hameau fantôme où les maisons aux murs éventrés entouraient une église décapitée. C'était dans la région chrétienne de Tall Tamer, sur les terres autrefois verdoyantes de l'ancienne Mésopotamie. Je me souviens des guirlandes que formaient nos gilets de combat et nos kalachnikovs suspendues aux clous des vieux tableaux noirs sur lesquels de sinistres paraphes témoignaient du passage des islamistes. Je me souviens du bruit des vieux climatiseurs portatifs dont les brassements peinaient à rafraîchir l'air d'une lourdeur étouffante. Je me souviens d'avoir porté mon treillis de jour comme de nuit, pendant des semaines. Je me souviens des souris qui, une fois le soleil couché, escaladaient mes jambes, se glissaient dans mon décolleté ou venaient mordiller mon index. Enfin, je me souviens des fines et étroites banquettes qui, posées à même le sol, faisaient office de canapé le jour et de couchage la nuit. Comme nous n'avions pas de tables de chevet, mes camarades cachaient leurs objets personnels dessous. Le moins qu'on puisse dire est que leur nombre ne risquait pas de déformer le matelas. Mes amies ne possédaient rien ou presque : colifichets, livres, photos, briquets clignotants, herbiers ou journaux intimes aux pages protégées par des couvertures bricolées avec des cartouches de cigarette. En devenant des combattantes de la liberté, elles avaient choisi d'embrasser le destin de ce que l'on pourrait appeler des nonnes militarisées. Certaines pour quelques années, d'autres pour la vie entière. Elles sacrifiaient tout à leur cause : la lutte contre Dacch et la construction d'une société démocratique, socialiste, laïque et féministe dans le nord de la Syrie. Lorsque je ferme les yeux, je les revois soulevant prestement leur petit matelas pour y prendre quelque chose, avant de le remettre en place. Je ne saurais dire combien de fois j'ai eu la tentation de profiter d'un instant de solitude pour percer les secrets de leurs trésors. Mais jamais je ne me suis permis de violer l'intimité de mes amies. J'aurais eu l'impression de trahir leur confiance... En revanche, je notais sur mon carnet mille détails les concernant :

Roleda – nez à la Cléopâtre
– grignote des piments très forts
Destan – rousse sèche à l'allure de Versaillaise
– dictateur en herbe
Nerguiz – airs de petit rat de l'opéra
– adore croquer des glaçons

Une fois levée de ma bannette, j'allume le plafonnier et j'enfile à la hâte l'une des deux tenues de protection de base bleu marine qui m'ont été fournies pour la mission, avant de sortir du poste pour emprunter une échappée menant au pont principal où se situent les hygiènes, nom peu poétique pour désigner les douches, lavabos et toilettes pour femmes. Je termine à peine ma toilette lorsqu'à 7h45 résonne la musique du branle-bas dont le but est de réveiller les rares marins encore couchés. Je quitte les hygiènes pour rejoindre la coursive principale au bout de laquelle se trouve l'échappée menant au carré commandant, où j'ai l'habitude de prendre mon petit-déjeuner. Tandis que je marche dans ce boyau parcouru de tuyaux en tout genre et bardé d'appareils de lutte anti-incendie, mon regard est captivé par l'animation qui agite ce lieu de passage à cette heure matinale. J'ai l'impression d'être une caméra filmant le plan-séquence d'une comédie musicale : les matelots occupés à compacter les cartons ou broyer le verre dans de bruyantes machines ; les maîtres d'hôtel, dits motels, et le commis discutant à l'entrée des cuisines ou hélant Fatiha, la boulangère, qui pétrit son pain en écoutant du rap ; les allers-retours de dizaines de marins affairés qui me saluent d'un sourire ou d'une poignée de main.

À présent me voilà dans le carré commandant, où quelques officiers terminent de petit-déjeuner. Parmi eux se trouve Roland, volontaire officier aspirant en contrat d'un an avec la marine. Il a l'esprit jovial, les yeux bleus pétillants de malice, une mèche blonde peu protocolaire et le léger embonpoint du bon vivant. On croirait le mot « sémillant » inventé pour lui. Il est le midship du bateau, le plus jeune des officiers, un de ces marins dont le manque d'expérience de la mer permet de dire, selon l'expression consacrée, qu'« il a trois tours d'hélice au cul » – expression qui le fait beaucoup rire car il n'est pas susceptible ni vaniteux.

Descendant de ce qu'on appelait autrefois l'aristocratie et fraîchement émoulu de la prestigieuse ESCP Business School, il pourrait être de ces présomptueux persuadés d'être sortis de la cuisse de Jupiter – j'en connais dont les chevilles enfleraient pour beaucoup moins –, mais non. Et s'il lui arrive d'être gentiment rabroué lorsqu'il se pique de stratégie, tout le monde apprécie ce jeune homme d'abord simple et sympathique.

Je le retrouve cet après-midi à la passerelle, où il tient le rôle de chef de quart. L'enseigne de vaisseau Fabien, le chef du service Pont qui l'a pris sous son aile, surveille ses progrès et n'hésite pas à le recadrer sans ménagement en cas d'erreur, ce que Roland prend avec la bonhomie qui le caractérise, en commentant d'un petit rire : « Je viens de me prendre un tir. »

Linda est à la barre et j'observe la manière dont Fabien et elle communiquent. La précision du vocabulaire qu'ils emploient, de leur formulation et de la procédure revêt à mes oreilles le charme mystérieux des langues étrangères. Ainsi, lorsque Fabien souhaite que Linda mette le gouvernail dans l'axe du navire, il lance à son attention :

« Zéro la barre !

— Zéro la barre ! répète Linda afin de signifier qu'elle a bien entendu l'ordre, avant de tourner la barre à droite ou à gauche pour la remettre à zéro et de dire d'une voix forte : La barre est à zéro !

— Bien ! » conclut Fabien afin de confirmer la prise en compte de l'exécution de son ordre.

Le principe est le même pour tous les autres ordres donnés par l'officier chef de quart au barreur. J'apprécie d'autant plus la rigueur et la netteté de ces échanges qu'ils contrastent totalement avec ma manière de travailler, moi qui ai besoin de m'enfermer dans une grotte de solitude pour écrire et me sens, malgré la discipline dont je suis capable, totalement tributaire de mon inspiration. Difficile de prédire si une journée sera prolifique ou non. Sans doute est-ce la raison pour laquelle je trouve ces procédures militaires si rassurantes : tous les risques et dangers ont été anticipés et, en cas de problème, les marins du bord réagiront au quart de tour.

Profitant d'un moment où le bateau suit sa route, j'interroge Linda sur ses différentes missions. Je ne sais comment nous en venons à parler de la Syrie. Je lui raconte mon engagement dans une unité de yapajas. Soudain, Linda interpelle l'aspirant Roland : « Lieutenant, vous savez que Katell a fait la guerre ? Enfin, elle n'a tué personne, mais elle a été dans un bataillon de combattantes kurdes ! En Syrie ! » Roland est un jeune homme de vingt et un ans que sa formation en école de commerce n'a pas abreuvé de géopolitique. Je lui explique le rôle qu'ont tenu les unités kurdes du YPG/YPJ dans la lutte contre

Daech. Enfin, je lui raconte comment, le 7 octobre 2019, sur un coup de tête de Donald Trump, les troupes américaines ont quitté précipitamment le Rojava, ce qui a donné à Erdoğan l'occasion qu'il attendait pour attaquer le nord de la Syrie. Quatre de mes camarades, dont une de mes commandantes, ont été tuées à Girê Spî et Serêkaniyê durant cette attaque, avant que ne soit signé un cessez-le-feu. Trop tard : le Rojava était morcelé. Depuis, la Turquie continue de l'étouffer en lui menant la guerre de l'eau et en assassinant ses chefs kurdes et arabes, comme cela a été le cas pour Mizgîn Kobanê, une autre de mes commandantes, tuée d'une bombe larguée par drone tandis qu'elle se déplaçait en voiture dans Raqqa au début de l'été 2022. Bien sûr, les États-Unis et la France n'ont pas totalement abandonné le Rojava. Il est probable que nous leur fournissions toujours des armes et il semblerait que les présidents Biden et Macron fassent pression sur Erdoğan pour qu'il s'en tienne à sa dernière conquête et n'étende pas son territoire. Mais nous sommes loin d'en avoir fini avec celui qui rêve de rétablir l'Empire ottoman. Le nationalisme turc est puissant et chaque démonstration de force d'Erdoğan consolide sa place de chef aux yeux de son électorat.

Roland me regarde et m'écoute sans en perdre une miette. Il faut dire que ces sujets me touchent trop pour que je les évoque d'un ton détaché. Chaque fois que je dis « Erdoğan », je sens ma bouche se tordre dans une grimace mauvaise. Je fulmine : « C'est insupportable ! La Turquie est membre de l'OTAN, elle est censée être notre alliée. Pourtant elle se comporte avec nous en ennemi, et ce depuis belle lurette ! Pendant des années, elle a laissé transiter les terroristes islamistes, les mêmes qui ont fomenté les attentats du Bataclan et autres. Aujourd'hui, elle menace les combattants kurdes et arabes de Syrie qui ont été nos meilleurs alliés dans la lutte contre Daech. Mais ce n'est pas tout : as-tu entendu parler de ce qui s'est passé il y a trois ans, avec notre frégate *Courbet* ? Elle était au large de la Libye et s'apprêtait, dans le cadre de l'embargo sur les armes, à identifier un cargo suspecté d'en faire le trafic, lorsqu'une frégate turque l'a "illuminée" avec ses radars de conduite de tir. C'est un marquage de cible, un acte hostile, complètement interdit entre alliés de l'OTAN ! C'est dingue, ce sentiment d'impunité ! »

À cet instant là, je repense à ma commandante Nûpelda Bagok, tuée à Serêkaniyê en octobre 2019 lors de l'invasion du Rojava par les troupes turques et leurs supplétifs issus des rangs de Daech. Quelques semaines plus tôt, elle était venue me rendre visite dans mon bataillon. Durant notre discussion, elle m'avait parlé de sa mère, restée au

Kurdistan turc, où Nûpelda avait passé toute sa vie avant de rejoindre le Kurdistan syrien pour devenir Yapaja. Une entrée en résistance qui n'avait pas échappé aux autorités turques. Nûpelda partie, sa mère avait payé pour elle : « J'enrage quand je pense à ce qu'ils lui ont fait », m'avait-elle confié d'un ton très calme.

J'avais scruté son visage déjà très marqué pour son jeune âge. Elle avait trente ans. Son prénom signifiait « bourgeon » mais Nûpelda, de son propre aveu, était déjà flétrie :

« Comment fais-tu pour paraître si jeune ? m'avait-elle demandé, suspicieuse. Nous avons presque le même âge mais j'ai l'air beaucoup plus vieille que toi.

— Camarade, avais-je répondu d'un air gêné, moi je n'ai pas combattu des années entières comme toi…

— C'est vrai. En tout cas j'espère que tu ne mets pas de crème antirides !

— Non, non, m'étais-je justifiée. Je me fais des massages à l'huile. Comme ça. »

J'avais mimé de petits mouvements circulaires sur mon visage, qu'elle avait imités.

« Ah bon ? Comme ça ? Heiiiin… Je comprends. »

Puis elle s'était tue quelques secondes avant de dire d'une voix désabusée, un étrange sourire aux lèvres :

« Ah, Erdoğan, c'est à toi que je dois toutes ces rides. »

Jeudi 26 janvier

J'aimerais pouvoir affirmer que ces quatre premiers jours passés à bord ont suffi à faire de moi la nouvelle mascotte de l'équipage. Mais il n'en est rien. Trouver sa place dans ce genre de microcosme demande non seulement de prouver sa valeur mais aussi sa bonne foi. Or la chose ne va pas de soi lorsque l'on aborde une aventure pareille avec un projet d'écriture. Le militaire, qu'il soit kurde ou français, se méfie de l'écrivain, qu'il assimile au journaliste – une profession qui, pense-t-il à tort ou à raison, ne perd jamais une occasion de saper la légitimité de sa mission. Pas d'inquiétude, cependant, je suis certaine que les prochains jours suffiront à dissiper leur appréhension à mon égard. D'ailleurs, mes désagréments du moment sont bien plus terre-à-terre : d'abord parce que le *Nivôse*, dont les proportions ne tiennent pourtant pas du porte-avions, est un labyrinthe où toutes les portes, échappées et coursives se ressemblent ; ensuite parce que le programme de chaque journée, qui figure sur une feuille de service, est écrit dans un langage tellement technique et codifié que je peine à le déchiffrer. Aux maintenances succèdent les formations, les briefings, les séances de vol du *Panther* et les innombrables exercices de sécurité portant soit sur une voie d'eau, soit sur un incendie, dits SECUREX, ou exercices de tir, dits GUNEX – il faut croire que le militaire qui a conçu ce mot composé était trop paresseux pour imaginer un équivalent français du type ARMEX. Il y a plusieurs raisons à ce que le rythme des entraînements soit si soutenu : l'une d'elles est d'occuper nos marins en mer – l'atmosphère a plus de risques de se dégrader sur un bateau désœuvré ; l'autre est de maintenir l'équipage au meilleur de sa compétence opérationnelle. Car la puissance d'une flotte de guerre repose non seulement sur le nombre et la complémentarité de ses bâtiments, la qualité de son armement, la solidité de son outil industriel, mais aussi sur « l'activité de la flotte, son entretien et son emploi effectif pour les opérations navales, gage de sa crédibilité », comme le rappelle le Centre d'études stratégiques de la marine dans une brève sur le retour du réarmement naval.

Ainsi le navire militaire ne souffre-t-il aucun désœuvrement.

Pour être franche, ces exercices répétés chaque jour ne me passionnent pas. Aussi n'ai-je pas prévu de les relater dans le détail, ce qui permettra de laisser un peu de place à d'autres considérations plus philosophiques ou poétiques. Puisque je dispose d'une excellente excuse pour sécher quelques-uns de ces entraînements, j'ai tout loisir de m'adonner à la contemplation : laisser vagabonder mon regard et mes pensées... Rien ne m'est plus nécessaire, plus essentiel, plus vital. Sans doute est-ce pourquoi notre époque, avec son urgence, sa cacophonie, son obsession de la rentabilité et ses névroses m'oppresse tant. Une amie d'enfance m'a un jour confié qu'elle était sujette au FOMO, autrement dit la peur de passer à côté (*fear of missing out*) d'un potin, ou pire, d'un événement festif. Cette anecdote m'a fait mesurer le gouffre qui me sépare de la jeunesse occidentale contemporaine. Mon amie craignait de manquer une occasion de se divertir ; moi, j'avais la hantise qu'une énième obligation sociale ne me prive de temps pour lire, écrire, peindre, réfléchir, marcher. À bord du *Nivôse*, je suis soulagée d'être libérée de toute pression et je me promène où bon me semble, tel un chat dans son domaine. Mes postes d'observation favoris se situent sur les ailerons. Tous deux disposent de petits sièges escamotables d'où je peux scruter l'horizon et m'émerveiller des nuances turquoise que prend la houle lorsqu'elle s'écrase sur la coque. Aujourd'hui, la mer est d'un bleu Majorelle et je me prends à rêver de plonger dedans la tête la première. Mais au fait, que se passerait-il si, d'aventure, il m'arrivait de passer par-dessus bord ? J'interroge un matelot :

« Dites, est-ce qu'il y a un moyen de repérer les corps dans l'eau, ou est-ce qu'il n'y a qu'à prier pour que quelqu'un vous ait vu tomber ?

– Eh bien, en théorie, notre système de détection est censé repérer la chaleur émise par votre corps. Mais cela n'est pas toujours le cas à cause de la tenue de protection qui, à ce qu'on raconte, n'aide pas franchement le corps à flotter. Il est déjà arrivé que des mecs restent des heures entières dans l'eau avant qu'on s'aperçoive de leur disparition... »

Le genre de détail qui vous rappelle que la vie de marin n'a décidément pas grand-chose en commun avec celle d'employés de bureau.

Je demande :

« Quelle distance y a-t-il en dessous de nous ?

– Attendez, je vais voir, me répond le matelot en allant à la passerelle lire la donnée sur un écran. Trois mille mètres. »

Il esquisse un sourire devant mon air effaré. La perspective de barboter dans l'immensité bleue me semble tout de suite moins séduisante... Car si je vénère l'eau comme élément, rien ne m'effraie tant que de me retrouver seule, perdue au milieu de l'océan. Je ne peux m'empêcher d'imaginer qu'en dessous de moi, tapi entre les rochers, se trouve un calmar géant prêt à m'attraper les chevilles pour m'entraîner au plus profond des abysses. Il est d'ailleurs assez fascinant de penser que l'Homme, à ce jour, n'a exploré que 20 % des océans et ignore tout ou presque de la vie sous-marine et des ressources qui se trouvent au-delà de 6 000 mètres de profondeur. Depuis quelques années, cependant, les progrès de la robotique sous-marine dessinent de nouvelles perspectives : certaines, positives, sur le plan de l'exploration scientifique ; d'autres, inquiétantes, sur le plan militaire. Parce qu'on les soupçonne de renfermer une infinité de minéraux et de gisements d'hydrocarbures, il est certain que les grands fonds seront bientôt le théâtre d'un nouveau type de confrontation : la « guerre des abysses » (*seabed warfare*).

En parlant d'enjeux sous-marins, je me suis rendu compte tout à l'heure, en cherchant sur Internet, que notre route correspond à peu de chose près au positionnement du câble de fibre optique South Africa Far East, qui se déroule au fond de l'océan sur près de 13 000 kilomètres pour relier l'Afrique du Sud à la Malaisie et comprend plusieurs points de raccordement, dont un à La Réunion. Dans un monde où règnent wi-fi, cloud et Bluetooth, peu de gens savent que 98 % des flux de télécommunications modernes reposent sur un réseau de 450 câbles sous-marins tirés aux quatre coins du globe. Ces câbles, majoritairement détenus par des acteurs privés, sont aussi indispensables que vulnérables aux dommages de tous types : ceux infligés par les phénomènes naturels – séismes, tsunamis, éruptions volcaniques ; ceux causés de manière accidentelle – ancres de navires et filets de pêche ; enfin, plus rares mais pas impossibles, ceux causés volontairement, de manière à impacter sérieusement l'économie d'un pays. La meilleure manière pour un État de se prémunir contre ces attaques reste de diversifier ses connexions en termes de pays reliés, de fournisseurs et d'opérateurs de câbles. Fort heureusement, il semble que la France l'ait compris depuis longtemps.

Vendredi 27 janvier

Ce matin, depuis la passerelle, je distingue à tribord un gros bateau qui progresse dans le sens contraire au nôtre. Je me renseigne auprès de l'adjoint chef de quart, l'aspirant Florian.

« C'est un pétrolier.

— De quelle nationalité ?

— Chinois. D'ailleurs, il est un peu trop proche de nous », commente-t-il avant de me tendre une paire de jumelles pour que je puisse l'observer à mon aise.

Ainsi équipée, je rejoins l'aileron pour scruter le pétrolier en question et, ce faisant, je repense à une conversation que j'ai eue l'année dernière avec le chef du Centre d'aguerrissement tropical du 2e RPIMa, grâce à qui j'ai pris conscience de la multiplicité des opérations de subversion – économique, industrielle, politique, militaire et culturelle – que mènent les Russes et les Chinois en Afrique et dans le canal du Mozambique.

À ce sujet, le pacha m'a recommandé la lecture d'un ouvrage intitulé *La Guerre hors limites*, paru en 1999, dans lequel les colonels de l'armée chinoise Liang et Xiangsui livrent leur vision de la guerre. Selon eux, son terrain « a dépassé les domaines terrestre, maritime, aérien, spatial et électronique pour s'étendre aux domaines de la sécurité, de la politique, de l'économie, de la diplomatie, de la culture et même de la psychologie », concluant qu'il « n'existe plus de domaine qui ne puisse servir la guerre et [qu'il] n'existe presque plus de domaines qui ne présentent l'aspect offensif de la guerre ».

Ce livre, considéré comme visionnaire à l'époque, s'est avéré très pertinent et exploitable : le parfait mode d'emploi du pays hégémonique ! Cela fait trente-deux ans que la Chine, chaque mois de janvier, envoie un haut représentant en visite officielle à travers le continent africain afin d'y asseoir son influence – le dernier étant le ministre des Affaires étrangères Wang Yi, que son périple stratégique terminé le 7 janvier a fait passer par l'Érythrée, le Kenya et les Comores. Quant au ministre russe des Affaires étrangères Sergueï Lavrov, il a terminé hier un voyage en Angola, en Afrique du Sud, au royaume d'Eswatini et en Érythrée, et prévoit de retourner en Afrique dans quelques jours pour se rendre au Maroc, en Tunisie et en Mauritanie. Jamais notre marine n'utilise officiellement le terme d'ennemi pour qualifier la Chine ; elle parle toujours de « compétiteur stratégique ».

Mais ne nous y trompons pas. Ce qui se déroule en ce moment est une guerre à bas bruit.

Samedi 28 janvier

Début d'après-midi. À cette heure, la majorité des marins se reposent dans leur poste. Aussi ai-je tout mon temps pour flâner sur l'aileron bâbord, d'où je contemple l'océan d'un bleu saphir sous un ciel dégagé. Soudain, mon regard est accroché par la trajectoire d'une dizaine de poissons volants en ordre serré, à quelques mètres de moi, telle une escadrille de colibris argentés. C'est la première fois que je vois ces poissons des mers chaudes… Je fais part de mon enthousiasme à l'enseigne de vaisseau Fabien, de passage sur l'aileron. « Ce sont des exocets, m'informe-t-il. C'est à eux qu'on doit le nom du missile antinavire. »

J'ignorais ce détail. Sans doute ai-je l'âme un peu trop poétique pour apprécier une telle référence – assez bien vue, du reste.

Il est 15 heures lorsque je rejoins l'arrière du pont supérieur, dont le revêtement chauffe comme une plancha. J'ai envie de profiter de l'espace de sport en plein air mis à la disposition de l'équipage. Ce qui peut passer pour un luxe est en réalité indispensable pour s'aérer l'esprit mais aussi pour lutter contre l'engourdissement, la fonte des muscles et l'épaississement de la taille inhérents à la sédentarité qu'implique le quotidien sur un bateau où, de surcroît, la nourriture est riche et abondante. Rudimentaire, cet espace est composé d'une barre de traction, d'un rameur et de trois vélos d'appartement qu'il faut dévêtir de leur bâche de protection avant de les utiliser. Le ciel est d'un bleu azur où glissent des nuages volages, trop fins pour protéger mes bras des rayons du soleil. Je souris de cette situation hors norme : je pratique ma séance de sport quotidienne sur la passerelle supérieure d'une frégate de surveillance croisant au sud de l'océan Indien – un luxe qu'aucune fortune ne pourrait acheter.

Le roi n'est pas mon cousin.

À 19h30 commence un exercice de nuit pour le *Panther*. Il est temps pour moi de rejoindre le hangar de l'hélicoptère. Me sachant en retard mais n'ignorant pas qu'il est interdit de courir sur un bateau, je me hâte d'un pas dont l'allure s'apparente à de la marche nordique. J'effectue mon petit numéro de charme habituel pour accéder à la PLH afin de voir le vol de près. On me donne l'autorisation à condition de porter un casque antibruit, des lunettes de protection et un gilet de sauvetage que les pompiers, prêts à intervenir en cas d'incendie du *Panther*, trouvent toujours le moyen de me dégoter.

Ainsi équipée, j'emprunte le passage menant sur la coursive extérieure et je tâche de me positionner de manière à ne gêner personne – ni les mécanos ni les pompiers. J'observe les marins qui s'affairent autour du *Panther* encore au sol mais dont les pales déchiquettent déjà l'air dans un vacarme d'enfer. À l'intérieur, je devine sans les reconnaître les silhouettes casquées du personnel du groupe aéro : le lieutenant de vaisseau Denis – l'aéro 1 – et l'enseigne de vaisseau Yann – l'aéro 2. Ce dernier m'a dit l'autre jour qu'il était très important de varier les exercices pour ne jamais laisser s'installer un sentiment de routine, pire ennemi du pilote : « Dans un hélicoptère, une seconde d'inattention peut faire la différence et décider de votre vie ou de votre mort. En cas de panne, la logique veut que l'hélico suive la loi de Murphy. En gros, les catastrophes s'enchaînent. Alors mieux vaut savoir comment réagir parce qu'un aéronef peut brûler en une minute. »

Depuis, je me surprends à scruter le ciel avec une pointe d'inquiétude, à l'affût du moindre nuage noir ou d'un éclair sournois... Le fait de mener cet exercice à une heure où la visibilité est moindre n'a évidemment rien d'anodin : les repères des pilotes sont bouleversés. Mais il est absolument nécessaire de s'y entraîner, car de nos jours la guerre n'a pas d'horaire. Et si le fait de mobiliser nos marins pendant la nuit peut paraître normal étant donné leur métier, il faut savoir que la France fait partie des rares pays à n'avoir pas cédé aux injonctions de la directive européenne sur le temps de travail qui estime que celui des militaires doit être encadré à l'heure près lorsque ceux-ci n'assurent pas de missions urgentes pour la nation. Pour sa désobéissance, la France s'acquitte chaque année d'importantes amendes... Ce qui est tout à son honneur et confirme son statut de puissance militaire – l'une des rares à compter vraiment. Les membres de la Cour de justice de l'Union européenne ignorent-ils que la valeur des troupes repose non seulement sur l'importance et les compétences techniques de celles-ci, mais aussi sur ce que l'on appelle la force morale qui, seule, permet de tenir bon en cas de tragédie, au lieu de s'effondrer ? Les militaires ne sont pas des fonctionnaires en uniforme. Courage, résilience et abnégation ne sont pas des qualités que l'on peut réquisitionner sur commande : ce sont des muscles que nos armées se doivent de travailler en permanence, du matelot à l'amiral, du commando au chargé de communication. Et cela commence par des choses simples, comme le fait d'habituer les équipages à s'entraîner la nuit…

C'est au crépuscule que le *Panther* s'arrache à la PLH pour s'élever dans les airs. Il décrit une courbe sur bâbord et s'éloigne dans un clignotement de lumières vertes et rouges. Je le suis du regard un moment, jusqu'à ne plus pouvoir l'entendre ni le voir. C'est alors que me vient l'idée de lever un peu plus haut la tête. Dans un ciel entre chien et loup se dessine un croissant de lumière coupé à la serpe. Je le fixe, interloquée, avant de sourire. Parce que le bateau tangue, j'ai cru, l'espace d'un instant, que c'était la lune qui se balançait. J'ai souvent pensé que je venais d'une autre planète. Et si j'étais en réalité fille de la Lune ? Serais-je tombée sur Terre après que, par mégarde, ma céleste mère eut desserré son étreinte autour de mon petit corps emmailloté ? Peut-être lui est-il arrivé de me bercer quelques fois pour apaiser mes sanglots… Un peu comme dans « Hijo de la Luna », la chanson du groupe Mecano :

Et lorsque l'enfant pleure,
Elle décroît
Pour lui faire un berceau de lumière.

Dimanche 29 janvier

Premier jour de franc mauvais temps. Je m'enquiers de l'état de la mer : « Force 5 », me dit-on – ce qui semble considérable à la novice que je suis, déjà bien secouée par les mouvements du bateau. « Tu trouves que ça bouge beaucoup ? s'amuse un matelot. Mais ce n'est rien du tout, là ! Attends qu'on aille plus au sud… » Misère ! Si ce que nous vivons en ce moment n'est qu'un avant-goût de ce qui nous attend lorsque nous approcherons de l'archipel Crozet, je ne donne pas cher de mon estomac. Le léger mal de mer que j'ai expérimenté les premiers jours revient en force et me contraint à trouver refuge dans mon poste pour m'allonger sur ma bannette, où j'espère calmer mes haut-le-cœur et reposer mon corps rendu apathique par l'absorption de comprimés d'Agyrax, un antihistaminique à action antivertigineuse et antiémétique qui a le don de vous plonger dans un état de somnolence assez désespérant. Il est vrai que je pourrais abandonner les comprimés pour me rabattre sur les patchs transdermiques, sortes de pastilles très efficaces que l'on colle derrière l'oreille et que portent nos marins les plus indisposés, jusqu'à parfois une derrière chaque oreille. Mais, pour une raison de fierté mal placée, je mets un point d'honneur à m'en passer.

Linda me complimente :

« C'est impressionnant ! Lucas Menget et toi ne semblez pas du tout malades. Vous vous en sortez bien mieux que les commandos du 2e RPIMa qui ont embarqué avec nous l'année dernière pour la mission Petrel sur les Kerguelen : ils avaient tous des pastilles ! »

Ce qu'ignore Linda, c'est que si je m'efforce à faire bonne figure, c'est uniquement parce que j'ai eu l'impudence de me vanter auprès des officiers d'être une lointaine nièce de Surcouf. Ayant revendiqué ce lien de parenté, il serait risible de passer pour un marin d'eau douce en affichant une mine verdâtre. C'est ce qui s'appelle donner le bâton pour se faire battre…

Il est 15 heures lorsque je rejoins le carré OM/OMS où Lucas Menget doit donner une conférence. Pas une chaise de libre, les marins sont venus nombreux – ce n'est pas tous les jours que le directeur adjoint de France Info intervient sur votre lieu de travail. Sans même compter le prestige de son poste, le parcours de Lucas a de quoi impressionner puisqu'il a été pendant plus de quinze ans reporter dans les zones de conflit du Moyen-Orient, de l'Afrique et de l'Afghanistan – il a d'ailleurs à ce sujet quelques anecdotes d'infiltration plutôt savoureuses. Mais le thème principal de sa présentation porte sur l'organisation d'une salle de rédaction qui, selon lui, présente quelques similitudes avec celle de la passerelle d'un bateau, tant le fonctionnement y est vertical et autoritaire. Il nous explique comment se décide le traitement de l'actualité et confirme ce que nous pouvons aujourd'hui constater sur la majorité des chaînes d'information continue : lorsqu'un sujet est considéré comme prioritaire, il supplante tous les autres. C'est une chose que je regrette. Ainsi la guerre en Ukraine a-t-elle complètement éclipsé ce qui se passe dans le reste du monde, notamment dans le nord de la Syrie, où les islamistes reviennent en force. Je ne dis pas qu'aucun sujet n'est prioritaire, bien sûr. Mais est-ce une bonne chose qu'un seul d'entre eux occulte tous les autres ? Je ne crois pas. Lucas m'a assuré que les spectateurs ne comprendraient pas que l'on ne se focalise pas sur le sujet du moment. Décidément, je ne dois pas être fichue comme tout le monde car, pour ma part, je déteste avoir l'impression de tourner en boucle.

Lundi 30 janvier

Ce matin, le branle-bas est signalé à l'équipage par les sonorités des trompettes insouciantes et joyeuses de « Cheerleader », un remix d'un air reggae éponyme devenu mondialement célèbre en 2015. J'aime ce morceau au refrain entêtant chanté d'une voix chaude et suave, mais je ne peux m'empêcher de trouver étrange d'être réveillée ainsi sur un bateau de guerre. J'ai déjà exprimé au pacha mon regret que les branle-bas se fassent aujourd'hui au son de musiques de variété, pas seulement sur le *Nivôse*, mais sur tous les bateaux de la Marine nationale. Non que je regrette le clairon – ce bruit m'est odieux car, lorsque j'étais enfant, mon père l'imitait bruyamment pour nous réveiller, mes sœurs et moi, pendant nos vacances –, mais je crains que ce genre de concession à la modernité ne contribue au fait que certains marins se sentent davantage fonctionnaires que soldats de la mer… La distinction n'est pas anodine et même s'il n'est pas évident, pour un engagé, de cumuler les identités de militaire, de marin et d'expert dans tel ou tel domaine, il me semble important de ne jamais perdre de vue la première, qui donne sens à toutes les autres. La mission du militaire ne peut être réduite à un simple métier puisqu'elle implique d'accepter l'éventualité d'être directement engagé dans un conflit, donc de donner la mort comme de la recevoir. Or je ne vois pas comment on peut avoir conscience que son engagement peut mener au sacrifice suprême après avoir entendu « Cheerleader » au réveil. Comme le dit le capitaine de frégate Dubs, ancien directeur des cours de l'École navale : « La mort à bord d'un bâtiment de guerre semble être un concept un peu théorique et abstrait. Mais la réalité du combat naval est rapide, brutale, cruelle. Aux Malouines, en 1982, les Britanniques ont perdu quatorze bâtiments. Des missiles, des bombes, des grands brûlés, des membres arrachés. Ils ont continué à combattre et ils ont gagné. »

Peu avant midi, nous fêtons au carré commandant les vingt-sept ans du lieutenant de vaisseau Quentin – le Flot 1, le chef du service Flotteur, soit de l'ensemble du matériel mécanique et électrique du bateau. Ce dernier découvre les divers cadeaux que le commandant et les autres officiers lui offrent, parmi lesquels figure un jeu de devinettes sur l'île de La Réunion, où il est né. Il est assez touchant de voir un plaisir presque enfantin illuminer le visage de ce jeune créole à la carrure athlétique, aux traits sensuels et aux grands yeux vert émeraude – le genre qui ne passe pas inaperçu et le sait pertinemment. Sûr de son charisme, il semble très compétent et respecté de ses hommes, notamment des Réunionnais, fiers de l'avoir pour chef. Mais il est rare de le voir partager le repas des officiers. Le plus souvent, il profite de ce temps pour aller faire sa séance de sport quotidienne sur le pont supérieur ou à l'arrière du bateau, avant de préparer son repas dont le menu ne varie jamais : en bon Réunionnais, le Flot 1 est accro au riz qu'il chauffe dans un *rice cooker* et assaisonne de sauce soja, parfois accompagné d'un œuf poché au micro-ondes. Pour pourvoir à ses besoins quotidiens, il entrepose des sacs entiers de riz dans son poste, qu'embaument des gousses de vanille achetées lors d'escales à Madagascar où elles sont beaucoup moins chères qu'à La Réunion. Cette forme d'originalité décomplexée frôlant la désinvolture cohabite avec une parfaite compréhension des codes – c'est un homme intelligent. J'aimerais pouvoir retourner dans le passé pour voir comment il a vécu le fait de quitter le soleil de La Réunion pour rejoindre l'École des pupilles de l'air à Grenoble, d'abord, puis l'École navale sous le ciel gris de Brest. Je me demande s'il a été agréable pour lui de se fondre au sein de ces univers un peu collet monté. Quoi qu'il en soit, cet anniversaire est le dernier qu'il fêtera en tant qu'officier puisqu'il a décidé de quitter la marine à la fin de l'année. Est-ce parce qu'il n'est pas devenu commando comme il le souhaitait au départ ? Ou bien serait-il déçu de l'institution ?

L'autre jour, je l'ai entendu évoquer Marc Bloch et son livre *L'Étrange Défaite*. La personnalité de cet officier m'intrigue, je la devine complexe. Lorsqu'il marche dans la coursive principale, le Flot 1 affiche une mine sévère et concentrée. Mais une fois au carré commandant ne reste que Quentin – un bon cœur, drôle et volontiers taquin avec ses camarades. Il lui arrive d'évoquer le temps où il partait naviguer et contemplait, fasciné, les baleines qui passaient sous son catamaran. Il me raconte les superstitions des Réunionnais et les légendes qui ont bercé son enfance : « Le bassin du Diable », « Zoura et la fleur maléfique »... Il me parle aussi d'une Vierge noire dont la statue se trouve non loin de son village d'origine, dans la commune de Sainte-Marie. On dit que cette statue aurait protégé un esclave en fuite en faisant croître autour de lui les branches du bougainvillier sous lequel il s'était réfugié pour échapper à ceux qui l'avaient pris en chasse...

Vers 21 heures, je me retrouve au carré OM/OMS où l'on célèbre la veille d'arrivée en escale. À peine ai-je le temps de m'approcher du comptoir en bois vernis qu'une grande bière Phoenix parfumée au Picon est glissée entre mes mains – il y a toujours une âme généreuse prête à se priver spontanément d'une de ses deux unités d'alcool quotidiennes afin de me désaltérer comme il se doit. Quelques gorgées de ce breuvage suffisent à me mettre à l'aise. Ça charrie, ça rigole. L'ambiance est bon enfant. Et tant pis si l'on ne me croit pas lorsque j'affirme que partager un verre avec eux fait partie de mon travail : je le dis en toute sincérité. D'abord parce que cela permet de nouer des liens, ensuite parce que toute personne normalement constituée a tendance à s'épancher davantage lorsqu'un peu d'alcool réchauffe ses veines. Cela ne veut pas dire que je cherche à leur arracher des informations croustillantes. Mais j'aime que l'on soit sincère, pas que l'on me récite un discours prémâché.

J'entame la conversation avec un second maître nommé Julien qui ressemble étrangement à l'un de mes amis du même nom, lui aussi militaire. Il occupe la fonction de chef du secteur Propulsion, ce qui signifie qu'il est responsable de l'équipe chargée des opérations de maintenance et de conduite sur les quatre moteurs.

« Tu n'es pas venue me voir, l'autre jour, me dit-il, une pointe de reproche dans la voix.

– Pardon ? dis-je, prise au dépourvu.

– Tu es passée au PC MES, nous avons discuté et je t'ai proposé de repasser plus tard pour te montrer les machines, mais tu n'es pas revenue. »

Confuse, je lui présente mes excuses. J'ai eu tant de choses à découvrir, comprendre et mémoriser les premiers jours que je ne savais plus trop où donner de la tête. Aussi ce rendez-vous fixé de manière informelle m'était-il totalement sorti de l'esprit.

« Ne t'en fais pas, j'ai l'habitude. Les gens ne s'intéressent qu'à ce qui se passe à la passerelle ou autour de l'hélico. Personne n'en a rien à faire, des mécanos.

– Au contraire ! protesté-je. Tout le monde m'intéresse ! C'est l'équipage qui fait l'âme d'un bateau ! »

Julien m'étudie du regard, comme pour juger de ma sincérité. Il poursuit :

« Pour comprendre ce que nous faisons, il faut que tu viennes et que tu mettes les mains dans le cambouis. Ce qui serait intéressant, c'est que tu assistes au démarrage des moteurs lorsque nous quitterons Durban. Tu sais que chaque moteur, même s'il ressemble parfaitement à l'autre, a son propre caractère, son propre rythme, sa propre évolution ? Il ne suffit pas de les allumer pour que le bateau avance ! Chacun requiert une attention particulière. Je connais par cœur les bruits de culbuterie de mes moteurs. Il me suffit de tendre l'oreille pour savoir s'ils vont bien ou pas. Je te les ferai écouter pour que tu te rendes compte...

– Je viens quand tu veux ! lui réponds-je, soucieuse de me faire pardonner.

– Et pourquoi pas maintenant ? »

Sans plus attendre, nous sortons du carré pour emprunter la coursive principale et nous rendre au PC MES. Nous y attrapons deux casques antibruit, avant de traverser un atelier au fond duquel se trouve une lourde porte métallique. Derrière, une descente mène à la salle des moteurs. La chaleur est étouffante, l'odeur de carburant saisissante et le vacarme épouvantable – comme une machine infernale. Julien me recommande d'être prudente et je me demande effectivement comment les mécanos font pour ne pas se blesser chaque jour. Le moindre faux pas ou mauvais geste pourrait s'avérer dangereux. Julien emprunte le mince passage aménagé entre deux énormes moteurs pour se tourner face à l'un d'eux. Il me tend alors un tournevis :

« Tu veux entendre ce qu'ils disent ? Mets la pointe du tournevis sur l'un de ces réservoirs, qu'on appelle gamelle, et colle ton oreille au manche, comme s'il s'agissait d'un stéthoscope. Puis écoute les autres. Tu verras : chacune a sa propre musique. »

J'ôte mon casque antibruit et je m'exécute, intriguée. Mais oui. Je l'entends. L'étrange bruit d'ébullition qui monte de ces grosses bedaines de métal. Et le réservoir d'à côté, comment sonne-t-il ? Différemment, c'est vrai, plus aigu. Et celui-là ? Plus grave, plus sourd. Je m'exclame :

« On dirait un orgue ! »

Et Julien, hochant la tête, me sourit.

Chapitre III

Durban en coup de vent

Mardi 31 janvier

Jour d'arrivée à Durban, ville côtière de la province du KwaZulu-Natal, en Afrique du Sud.

Suivant la tradition, chaque marin est coiffé, selon son grade, de sa casquette ou de son bachi, et je suis un peu marrie que mon statut de civile me prive de cet accessoire qui embellit franchement la tristement fonctionnelle tenue de protection.

Les membres de l'équipage qualifiés pour la navigation en eaux resserrées sont appelés à 8 h 15 et les manœuvriers, qui manipuleront tout à l'heure les aussières servant à amarrer le bateau au quai, se rassemblent sur les extérieurs. Le second maître Marine, suivant un code précis et obscur à mes yeux, baisse divers pavillons pour en hisser d'autres, dont celui de l'Afrique du Sud. « Par courtoisie vis-à-vis de notre hôte », m'explique-t-elle.

À mesure que nous approchons du port, le ciel se tapisse de nuages et la mer se fond dans un vert boueux. Une petite embarcation rapide, dite bateau-pilote, vient se mettre à couple afin qu'embarque à notre bord le pilote attitré du port. Il doit nous conseiller pour les dernières manœuvres de navigation. Quelques minutes plus tard, nous voilà dans le chenal du Durban, qui n'a rien d'exotique ou de romanesque. Même si l'on ne peut espérer du plus important terminal de transport maritime du continent africain qu'il soit beau, ce dernier semble particulièrement morose et inesthétique. À notre gauche, au pied d'une colline de feuillus, sont alignés quelques bâtiments de tôle rongés de rouille. En face se dressent de hautes grues rouges ou noires. À droite, non loin du quai, flotte un énorme bateau ventru que le major infirmier me présente comme une usine automobile ambulante capable de transporter plusieurs centaines de voitures qu'on finit d'assembler en mer.

Il est 8 h 45 lorsque nous accostons. Je sens la tension monter à la passerelle à mesure que la coque se rapproche du quai. Plaquée contre les armoires métalliques de la passerelle de peur de gêner, je tâche de me faire oublier. Si la manœuvre d'un bateau peut sembler fluide et facile vue du quai, observer la scène depuis la passerelle fait prendre conscience de la responsabilité qui pèse sur les épaules du pacha, du Comops, du barreur et des mécanos.

Il s'agit de ne pas couler cette frégate !

Je me glisse jusqu'à l'aileron bâbord et je regarde les manœuvriers s'activer en contrebas, à la proue du bateau, déroulant des aussières larges comme mon poing et longues de plusieurs centaines de mètres sous l'œil concentré de l'enseigne de vaisseau Fabien, responsable de la navigation et de la manœuvre du navire. Ça y est, nous sommes amarrés et je me dis, naïvement, que le reste de la journée sera plus calme. Erreur ! Elle commence seulement, puisqu'il nous reste encore une multitude de tâches gracieuses à effectuer, telles que : débarquement des poubelles, ravitaillement en gasoil, dessalage et vidange des eaux mazouteuses. Sans oublier la réception protocolaire prévue à bord ce soir, où seront présents Étienne Chapon, consul de France à Johannesburg et le général Laurent Cluzel, commandant supérieur des Forces Armées de la Zone du Sud de l'Océan Indien (FAZSOI), que je connais pour l'avoir rencontré l'année dernière lors de mon immersion au 2e RPIMa.

Je profite de ce que tout le monde soit très affairé pour m'imprégner des consignes de sécurité et de comportement qui nous ont été listées sur un document dont voici un extrait : « L'Afrique du Sud est un pays des extrêmes. Les paysages magnifiques et la population très attachante y côtoient la pauvreté, un niveau de criminalité élevé et beaucoup d'armes à feu qui circulent. Il serait erroné, malgré un niveau de développement élevé pour l'Afrique, d'y voir un pays comparable aux pays occidentaux. Ici la vie ne vaut pas cher et il n'est pas rare que quelqu'un se fasse tuer pour un simple téléphone portable. » Après cette introduction peu rassurante s'ensuivent des conseils de sécurité visant à nous protéger d'une foule de dangers, tels que les vols, la drogue, les agressions armées, les policiers corrompus ou les services d'urgence peu compatissants. Une litanie que vient clore cette conclusion étonnement optimiste : « Pas de paranoïa. Profitez à fond de l'opportunité de découvrir l'Afrique du Sud. Adaptez simplement votre niveau de vigilance. »

Pour être tout à fait franche, je n'ai pas l'intention de visiter Durban. Pas par désintérêt mais parce que je ne veux pas prendre le moindre risque d'avoir des ennuis risquant d'impliquer le *Nivôse*. De plus, j'estime illusoire l'espoir de découvrir une ville en seulement deux jours. Bien sûr, j'aurais pu m'inscrire à l'une des excursions de type safari proposées à l'équipage avant d'accoster, mais je me méfie de ce genre d'offre touristique au charme plus souvent factice qu'authentique.

Mercredi 1er février

Ce matin, je me réveille dans un confortable lit king-size que dix jours passés à dormir dans une étroite bannette me font apprécier au centuple. Je suis au Radisson Blu Hotel, à 100 mètres du front de mer, dans une station balnéaire nommée Umhlanga, située à 20 kilomètres au nord de Durban. En temps normal, je suis le genre de personne que son sens de l'économie pousse à chercher la bonne affaire en toute occasion, que ce soit pour un produit ou un service. Mais il m'arrive parfois d'envoyer valser ce principe et de m'accorder une petite folie facilement justifiable par un poncif comme « On ne vit qu'une fois » ou « La vie est courte ».

Lucas Menget, à qui je dois l'excellente idée d'avoir jeté mon dévolu sur cet hôtel, m'envoie un message via WhatsApp pour me donner rendez-vous dans un restaurant assez bobo mais très agréable, à deux pas de l'hôtel : le Doppio Zero. Tiraillés entre le cliché de citoyens du monde et celui de Français alcooliques, nous y commandons chacun un poke bowl et un pichet de vin rosé. Un déjeuner plus léger que ceux du bateau sur le plan culinaire, mais surtout moins formel que ceux du carré commandant… La conversation, elle aussi, est plus détendue. Lucas est un homme sympathique. Il me parle de son épouse, dont il est tombé amoureux dès l'adolescence ; de sa vie de reportages ; de littérature. De Joseph Kessel, notamment, dont il me recommande *Le Tour du malheur*, que je n'ai pas encore lu malgré l'intérêt que je porte à ce grand écrivain reporter. Quelle œuvre ! Quelle vie ! Le destin de ce Français, fils d'un juif d'origine russe, que j'ai découvert dans la très complète biographie écrite par Yves Courrière, m'impressionne autant qu'il m'émeut. Dire que j'ai longtemps ignoré que c'est à lui, et non seulement à son neveu Maurice Druon, que nous devons « Le Chant des partisans »… Kessel est un géant. Il s'avère que l'un de mes amis est en train de monter une pièce à son sujet. Son nom ? *Kessel, la liberté à tout prix*.

Tout est dit.

Je suis invitée par Maelenn, notre docteur, ainsi que Bertille, notre commissaire du bord, à dîner dans un restaurant italien sur le front de mer d'une petite ville à l'embouchure de la rivière Mdloti, à 25 kilomètres de Durban. J'ai le plaisir d'y retrouver les jeunes officiers du premier service, avec qui j'ai partagé le plus de repas ces dix derniers jours. J'espère que les officiers plus gradés ne me tiendront pas rigueur de cette infidélité simplement motivée par mon goût du divertissement. Il faut dire que les repas du premier service sont moins formels puisque libérés de la retenue qu'exige la présence du pacha – lui participe aux repas du deuxième service. C'est une bonne chose, car la responsabilité qui pèse en permanence sur les épaules de ces jeunes officiers est telle que je crois cette soupape indispensable. Je comprends mieux pourquoi l'usage veut que l'on évite les conversations touchant au travail afin que les repas ne se transforment pas en réunions déguisées. La vérité est que nous parlons sans cesse de travail au premier service mais d'une manière tellement mordante, légère ou cocasse que je ne saurais compter le nombre de fois où j'ai pleuré de rire à l'écoute d'un trait d'esprit de Bertille, du récit d'un rêve de Florian, d'une réponse absconse d'Antoine, d'une anecdote de Benoît, d'une vacherie de Quentin ou d'un scud de Fabien. Ah, Fabien : que seraient nos repas sans lui ? C'est à ses remarques féroces et ses pitreries que nous devons la plupart de nos fous rires. Fabien est un sujet intéressant à observer pour l'écrivaine que je suis, toujours à l'affût du moindre rictus, raclement de gorge, tic gestuel ou de langage – toutes ces petites manies qui singularisent chaque être humain et le rendent unique. En ce qui le concerne, je ne serais pas étonnée de le savoir hyperactif, tant c'est une pile électrique. Toujours à tripoter un objet quelconque ou à pianoter impatiemment dès qu'une table en bois se trouve à proximité. De la même manière, il ne peut s'empêcher de bruiter régulièrement le refrain du célèbre « Yeah » du chanteur de RnB Usher. Ce soir, il a décidé de se lancer dans un solo déchaîné de beatbox sous l'œil mi-admiratif, mi-exaspéré de Bertille : « Je me demande comment tu as passé les tests psychologiques de la marine, lâche-t-elle avant de me regarder et de concéder dans un sourire : Le pire, c'est qu'il est doué… »

Fabien ne fait pas toujours dans la dentelle et pourtant je soupçonne son âme d'être plus subtile et sensible que son humour rabelaisien pourrait le laisser supposer. Il suffit, pour le croire, de l'entendre improviser une mélodie au piano.

Je note un détail (qui a son importance) : la plupart des officiers, qui me vouvoyaient au départ, me tutoient désormais.

Jeudi 2 février

Rafraîchir ma coupe devient urgent, car mes cheveux coupés très court à la mi-décembre ont bien poussé depuis. L'inconvénient de cette longueur n'est pas esthétique mais pratique puisqu'une mèche rebelle vient régulièrement me piquer les yeux, comme des dizaines de petites aiguilles, chaque fois que le vent souffle sur le bateau – souffrance risible, je le concède, mais dérangeante. Je tenais beaucoup à arborer une allure de garçonne pour cette mission. Je me sens plus militaire ainsi. Libérée de la contrainte qu'imposent les longs shampoings et les brushings, cela me fait gagner du temps. En cela je diffère non seulement de mes camarades féminines du *Nivôse*, mais aussi des combattantes kurdes qui voient leurs cheveux comme un étendard de leur féminité – et, indirectement, de leur puissance. Moi, je suis le contraire d'un Samson : je tire ma force de mes cheveux courts.

Je parviens à rejoindre un centre commercial où je repère un salon de coiffure pour femmes qui, hélas, ne sait travailler que les cheveux crépus. Après avoir erré de longues minutes à la recherche d'un autre salon, je finis par jeter mon dévolu sur un barber shop masculin, lui aussi consacré aux cheveux crépus, mais dont l'originalité affichée me fait penser que le défi de me coiffer sera certainement relevé. Vaguement étonné par ma requête, le jeune homme auquel je m'adresse hoche la tête et me fait asseoir à côté de quatre ou cinq clients attendant eux aussi d'être pris en charge. Sur le moment, je suis ravie – j'aime tenter d'improbables expériences. Mais à force de contempler les teintures blanches et autres coupes de style iroquois, je commence à craindre de revenir sur le *Nivôse* avec une allure un peu trop excentrique pour la Marine nationale. Après une demi-heure d'attente, je m'éclipse lâchement, et c'est armée d'une paire de ciseaux d'écoliers achetés au supermarché que je règle plus tard, dans ma chambre d'hôtel, le sort de cette fameuse mèche, que je taille dans une sorte de frange. Pour le meilleur et pour le pire, car je ressemble maintenant aux Beatles tels qu'ils apparaissent sur la pochette de *Yesterday and Today*, la viande crue et les poupées démembrées en moins.

Parce qu'il ne faut pas abuser des bonnes choses, j'ai quitté le fastueux Radisson Blu Hotel pour rapatrier mes affaires au Blue Waters Hotel, un immense quatre-étoiles un peu surcoté mais très bon marché où la moitié du *Nivôse* a décidé de poser ses bagages. Mon balcon m'offre une vue large sur le front de mer, mais la baignade nous y a été déconseillée – il semblerait que l'eau soit très polluée. Je décide à la place de rejoindre une terrasse perchée dans la partie haute de l'immeuble, où se trouve une piscine. Le ciel gris ne me donnant pas envie de me rafraîchir, je décide de mettre à profit ce moment de détente pour me concentrer sur le *Journal de bord de La Confiance* dont la lecture, à ma grande honte, ne m'a pas embarquée jusqu'à présent. Il faut dire que je suis encore loin de la date de la prise du *Kent* et qu'une grande partie du vocabulaire marin utilisé à l'époque m'est totalement étrangère. Cinq minutes après m'être installée, un groupe de Durbanais déchaînés débarque, visiblement décidé à faire la fête. De gros baffles se mettent à diffuser une musique zouloue aux rythmes endiablés tandis que la piscine se remplit de couples totalement habillés ou vêtus de maillots de bain dignes du carnaval de Rio. L'ambiance est extra. Ça danse collé serré et ça boit des cocktails. À côté, je fais figure de vieille fille rabat-joie.

Je prends la fuite.

Vendredi 3 février

Lucas Menget m'annonce ce matin, l'air désolé, qu'il doit partir pour des raisons familiales graves. Il prend l'avion pour Paris dès ce soir. Je sais que l'équipage le regrettera. Moi aussi. À La Réunion, je ne voyais pas forcément d'un bon œil le fait que nous soyons deux civils sur le bateau. Je craignais que cela gêne mon intégration à bord. À présent, je suis déçue de le voir quitter si tôt la belle aventure qui vient de commencer sur le *Nivôse*. Je lui souhaite de pouvoir la vivre un jour malgré tout.

Après un après-midi passé sur le bateau, une dernière permission est accordée à l'équipage au terme de laquelle nous devrons rejoindre le navire et y dormir afin d'appareiller demain matin. Le Pont, l'Art', la commissaire, le Flot 2, les trois aspirants et moi en profitons pour aller dîner dans ce que l'on m'a vendu comme un bar à tapas, mais qui s'avère être un restaurant de viande rouge – fierté culinaire de l'Afrique du Sud. Moi qui pensais avoir vu le plus gros steak de ma vie lors d'un voyage en sac à dos en Argentine, je suis impressionnée par la taille des pièces apportées. Tandis que Bertille et moi portons notre choix sur un succulent mais raisonnable steak de 200 grammes, nos camarades masculins s'attaquent à d'énormes pavés avoisinant le kilogramme. Mes beaux officiers finissent le repas le ventre tendu comme des tambours en se demandant comment leur organisme a pu supporter de telles quantités de nourriture. Nous sommes loin des injonctions véganes de l'époque… et cela change un peu.

Chapitre IV

Là où rugit le vent

Samedi 4 février

Jour d'appareillage.

La mer est calme, le soleil brûlant, la brise légère. Assise sur le strapontin de l'aileron bâbord, j'aperçois le métoc à la passerelle. Comme il s'approche du pas-de-porte, je l'interpelle pour lui tendre mon stylo et mon carnet :

« Quelle est la météo du jour ? »

Sourcil relevé et sourire complice, il les attrape et, après deux secondes de réflexion, griffonne sur le papier :

Visibilité supérieure à 5 nautiques
Mer belle

« Mer belle » : un soupçon de poésie au pays de la météorologie…

Nous profitons des dernières heures de cette escale pour ravitailler nos cuisines en provisions en formant une longue chaîne allant du quai jusqu'à l'intérieur du bateau. Tandis que nous nous passons de mains en mains quantité de choux, poireaux, pommes de terre, compotes, paquets de thé, pastèques et autres, je pense au journal de bord de la goélette *La Confiance*, dont j'ai continué la lecture hier. Le second de Surcouf écrit à propos du séjour sur l'île Mahé :

« Nous y avons fait toute notre eau, et comme elle est très bonne, nous avons remplacé celle faite à Cantaye, qui était saumâtre. Nous avons nourri pendant tout le temps de notre relâche notre équipage à viande de porcs et de tortues de mer, et du poisson frais, qui est très abondant. Nos malades ont été mis à terre à l'établissement de l'État qui est aux barachoises devant Sainte-Anne et se sont parfaitement rétablis. Nous avons radoubé nos voiles, réparé notre gréement, peint le corsaire. Nous avons remplacé une partie de notre salaison et arak consommés depuis notre départ d'île de France [l'actuelle île Maurice], embarqué douze milliers de riz […]. »

Une chose est sûre : les temps ont changé ! Il semble qu'à notre époque la nourriture a un impact primordial sur le moral de l'équipage. Désormais, la Marine nationale s'efforce d'offrir à ses marins des repas copieux et savoureux. Pour ce qui est de l'équilibre et de la diététique, en revanche, on repassera : pains au chocolat, glaces, pâtes à la bolognaise, lasagnes… Et pour le petit-déjeuner, c'est razzia sur le Nutella, qu'on appelle ici « pâte à gros ».

Très vite, la vie à bord reprend son cours, entre exercices d'avarie de barre et d'homme à la mer. Durban est déjà loin.

J'allais oublier que les jours à venir vont nous imposer quelques contraintes sanitaires que j'espérais ne plus avoir à subir avant très longtemps, notamment celle de la javellisation régulière des poignées de porte et du port du masque, obligatoire jusqu'à ce que nous atteignions l'archipel Crozet. Le but est d'éviter tout risque de contamination par le coronavirus des hivernants – scientifiques, militaires, médecins, etc. – en mission sur les îles, mais aussi des animaux y vivant – on ignore encore si le virus peut les contaminer. Une question me titille néanmoins : est-il vraiment utile de porter un masque alors que l'essentiel de l'équipage mange trois fois par jour au carré OM/OMS, une pièce exiguë où les tables sont très rapprochées et les rares hublots impossibles à ouvrir pour aérer ? Pas sûr… Toujours est-il qu'entre les précautions héritées de la pandémie de coronavirus et celles liées à l'épidémie de gastro-entérite qui circule à bord depuis plusieurs jours, nous sommes décidément gâtés.

Mais enfin, rien de grave: nous faisons route vers le sud, à l'endroit où les courants chauds de l'océan Indien croisent ceux, plus froids, de l'océan Atlantique. Bientôt nous dépasserons le parallèle à partir duquel sévissent les vents des quarantièmes rugissants.

Rien ne peut gâcher cette promesse d'aventure.

Notre prochaine étape étant l'archipel Crozet, le lieutenant de vaisseau Édouard, le Comops du *Nivôse*, prend le temps de me briefer sur les îles que nous nous apprêtons à découvrir ainsi que les difficultés de navigation auxquelles nous expose cette mission. Tout d'abord, les longues distances à parcourir requièrent de gérer précisément la consommation de gasoil tout en veillant à ne jamais emprunter le même chemin que lors de la précédente mission afin de ne pas être prévisible aux yeux des pêcheurs illégaux; ensuite, les changements météorologiques et divers brouillards imposent une vigilance accrue; enfin, le fait d'évoluer en zones protégées sur le plan écologique oblige à plusieurs précautions, que ce soit sur les îles ou dans leur ZEE, de sorte que certaines opérations d'entretien du bateau ou certains exercices de tir sont interdits aux abords des districts.

Je lui demande combien de temps nous resterons sur chaque île.

« Rien n'est figé. Il faut garder en tête que nous devons être parés à tout changement de mission pour raisons imprévues. Par exemple, lorsqu'en décembre 2020 le *Nivôse* a dû secourir le skipper Kevin Escoffier pendant le Vendée Globe, ce n'était évidemment pas prévu. Mais l'équipage s'est adapté. Cette mission de sauvetage supplantait la mission d'origine. En l'occurrence, il est pour l'instant programmé que nous mouillions au moins une nuit à Crozet, et quatre aux Kerguelen, autour desquelles nous devrions également patrouiller quelques jours. Savez-vous que l'archipel des Kerguelen fait pratiquement la taille de la Corse ? Vous verrez, ce sera fantastique ! »

Encouragé par la curiosité que je manifeste, il se met à fouiller les dossiers de son ordinateur pour y dénicher quelques photos : « Regardez ça ! » Des paysages d'une beauté âpre. Superbes.

« Qu'en est-il de Saint-Paul et Amsterdam ? Y descendrons-nous ?

– Nous ne mouillerons pas à Saint-Paul, qui est très protégée sur le plan écologique et où n'existe aucune base scientifique. En revanche, il est possible que nous fassions un saut à Amsterdam. Avec un peu de chance, nous y verrons des baleines... »

Assise à sa droite, face à son ordinateur, j'utilise le prétexte de cette présentation pour scruter le visage d'Édouard – réflexe d'écrivaine. Notre Comops a ce qu'on appelle une « gueule ». Je ne sais comment dire, mais quelque chose de rugueux se dégage de lui au premier abord, malgré la jeunesse que lui confèrent son visage rond et ses cheveux blonds. Ce n'est qu'après avoir discuté avec lui qu'on découvre un tempérament humble, amical et doté d'un certain sens de l'humour. Édouard est le genre d'homme que l'on apprécie très vite, même si son statut de numéro trois du bateau me retient de me montrer trop familière avec lui. Il m'arrive de l'accompagner de la voix lorsqu'il gratte sa guitare – chose rare tant il est accaparé par son travail. Je donne le ton d'une voix enfantine et lui me corrige d'un bruit de bouche impatient. Nous reprenons les airs des Red Hot Chili Peppers et des Cranberries qui ont fait notre adolescence, sur lesquels nous tentons de tenir le rythme, ravis.

Ça me plaît, la vie d'équipage.

Tout à l'heure, j'ai appris dans les médias que le porte-avions *Foch*, ancien fleuron de notre flotte racheté par le Brésil en 2000, venait d'être sabordé en plein Atlantique. La marine brésilienne assure qu'aucune autre solution ne pouvait être envisagée étant donné l'état de la coque qui, paraît-il, ne permettait ni déplacement ni remorquage... Un prétexte, de l'avis des associations de défense de l'environnement, qui soupçonnent le Brésil d'avoir cherché à économiser des frais de démantèlement, sans s'inquiéter du coût écologique de l'immersion de ce « colis toxique de 30000 tonnes ». Un colis qui diffusera dans l'eau quantité de particules d'amiante, de peinture et de déchets qu'apprécieront fort peu les poissons déjà largement drogués au plastique.

Dimanche 5 février

Ce matin, je me fais tirer dessus.

Ce n'est pas une formule imagée, mais bien la réalité. Je sers actuellement de cible à l'un de nos canons de 20 mm.

L'honnêteté m'oblige tout de même à préciser qu'il s'agit d'un exercice de police en mer et que les tirs que j'essuie sont de simples avertissements constitués, selon le code de la défense, d'un « tir de semonce suivi de trois tirs d'arrêt dirigés en avant de l'étrave ». Autrement dit, le but n'est pas de viser avec précision mais d'intimider les occupants de l'humble embarcation semi-rigide dans laquelle je me trouve. L'impact des balles sur l'eau, que signalent d'éphémères gerbes argentées, est d'ailleurs relativement lointain. N'empêche, cela fait un drôle d'effet de se faire asmater par les copains. Et le moins qu'on puisse dire est que ça claque sérieusement. S'il s'agissait d'une attaque réelle, je serais certainement à plat ventre en train de prier sainte Rita. Mais comme ce n'est pas le cas, je reste fidèle à mon caractère et je rigole.

Le plus drôle est que je n'avais aucune idée de ce qui m'attendait lorsque l'on m'a proposé d'embarquer. J'avais lu sur la feuille de service qu'un exercice de tir de police était prévu et je m'étais rendue avec un peu d'avance sur le pont supérieur afin d'y assister. On se préparait à descendre l'embarcation de son bossoir à l'aide d'une grue. À l'intérieur se trouvait le second maître Alexandre – notre meilleur pilote, selon la rumeur – et le quartier-maître de première classe Lucas, un jeune homme tout mince aux bras tatoués, lunettes rectangulaires et fine barbe rousse, toujours souriant. J'aime beaucoup Lucas, il fait partie de ceux qui m'ont mise à l'aise dès le premier jour. Je connais même la signification de certains de ses tatouages ! C'est donc avec enthousiasme que j'ai accepté son invitation lorsqu'il m'a proposé de le rejoindre à bord, sans me douter une seconde que j'allais faire office de cible…

Il est 15 heures lorsque retentit une diffusion par haut-parleur annonçant que le *Panther* est cloué au sol pour une durée indéterminée à cause d'une pièce défectueuse. Nous n'en avons pas en rechange et il serait trop risqué de la fabriquer par nos propres moyens – un accident est vite arrivé sur une machine aussi sensible qu'un hélicoptère. Il nous sera donc impossible de mener les exercices prévus dans les jours à venir. Ironie de l'histoire, il a suffi qu'une minuscule pièce nous fasse défaut pour que l'activité du bateau s'en trouve chamboulée : adieu portés de charges et autres hélitreuillages... Qui peut dire quand nous pourrons les reprendre afin de maintenir la capacité opérationnelle de l'équipage ? Nous sommes au sud de l'océan Indien, à je ne sais combien de milliers de kilomètres de La Réunion. Comment diable pourrions-nous récupérer une pièce de rechange ? J'entends à ce sujet quelques bruits de coursives : certains espèrent que nous irons la chercher en Afrique du Sud – ils s'imaginent déjà en escale au Cap ! Mais le commandant ne semble pas envisager cette option. Elle nous ferait perdre trop de temps. L'autre possibilité serait de profiter du départ prochain de La Réunion d'un bateau de pêche civil, *L'île Bourbon*, qui doit rejoindre la ZEE de l'archipel Crozet. La marine pourrait lui confier la pièce de rechange du *Panther* afin qu'il nous la transmette. La procédure ne serait pas banale car l'armée privilégie toujours les bâtiments militaires pour ce genre de dépannage. Mais il faut savoir se montrer créatif et flexible lorsqu'on navigue seul sur des mers aussi reculées…

Lundi 6 février

Ce matin, je donne une conférence à l'équipage. Elle a pour sujet l'écriture en tant que processus créatif.

Il faut croire que le modeste titre d'écrivaine en impose moins que celui de directeur adjoint de France Info car mon public est beaucoup plus clairsemé que celui de la présentation de Lucas Menget ! Mais le commandant, le second et le Comops m'ont fait l'honneur de leur présence. Et les autres marins ont l'air curieux de m'entendre. Je les comprends. Rien n'est plus étrange, il me semble, qu'un écrivain en action. J'imagine que je dois leur paraître un drôle de phénomène, à me promener aux quatre coins du bateau d'un air tour à tour ravi, absorbé ou perdu. À demeurer des heures entières sur les ailerons pour contempler l'océan. À me faufiler à divers endroits du bateau pour observer une manœuvre. À boire des coups au carré OM/OMS pour discuter avec les mécanos. Si je devais résumer mon rôle à bord, je dirais qu'il consiste à saisir l'âme de la mission, du bateau et de l'équipage. Vaste programme... Il faut déceler l'essentiel tout en prenant soin de relever mille détails afin de lui donner chair. La chose n'est pas simple, en vérité. Elle demande une certaine agilité d'esprit, afin de trier mentalement les informations selon que je les trouve utiles, possiblement utiles ou inutiles. J'ai remarqué l'air étonné de certains marins lorsqu'il m'arrive de dégainer mon carnet pour noter une remarque ou une anecdote sans intérêt à leurs yeux. C'est bien naturel. Il leur est difficile, une fois plongé dans leur quotidien, de prendre du recul pour mesurer à quel point celui-ci est extraordinaire. Tout comme il leur est difficile de réaliser la pertinence de certaines phrases qu'ils formulent de manière intuitive, sans trop y réfléchir. C'est donc à moi de relever ces phrases anodines, ces gestes du quotidien, qui valent souvent mieux qu'un long discours et donnent du sens à mon récit.

Je leur dis sans détour :

« Ce qu'il faut comprendre, c'est que je ne suis ni chargée de communication de la Marine nationale ni journaliste. Je suis écrivaine, ce qui est différent. Sachez que je porterai sur vous un regard bienveillant, mais que la bienveillance n'empêche pas de se montrer critique. »

Les marins comprennent – je le vois à leur manière d'acquiescer en silence. Ils semblent même rassurés par mon honnêteté, comme si mes explications leur permettaient de mieux cerner ma mission et mon regard sur leur quotidien. Force est de reconnaître que cette conférence était nécessaire. Je suis presque tentée de remercier le Comops de m'avoir tordu le bras pour la faire...

Plus tard dans la journée, je décide d'aller voir le bosco, l'officier marinier supérieur en charge des manœuvriers. Cette appellation par laquelle tout le monde le désigne me vaut d'ignorer son prénom. C'est un homme qui, pour être franche, ne m'inspirait pas beaucoup de sympathie au premier abord, tant je lui trouvais un air sarcastique. J'avais tort, puisqu'il s'avère finalement plutôt avenant lorsqu'on se donne la peine d'entamer la conversation. Physiquement, c'est un homme qu'on peut difficilement confondre avec un autre. Il est grand, mince, les cheveux poivre et sel coupés court, un visage tout en arêtes. Le genre grand escogriffe, mais au bon sens du terme. Je lui demande s'il est possible de me faire visiter la soute manœuvre, située sous le pont avant du bateau, ce qu'il accepte volontiers.

Nous empruntons une échappée pour descendre au niveau inférieur et ouvrir une lourde porte de métal qui donne sur une grande pièce sombre. Là sont entreposés quantité de cordages – bouts, aussières, ou encore lignes de remorque –, selon leur taille et leur fonction. Il y règne une atmosphère d'une autre époque et je ne serais pas surprise d'y voir suspendus quelques hamacs, comme du temps de la marine à voile. Mais j'ai bien de la peine à me concentrer sur ce que je vois. La raison de mon inattention ? Une nausée épouvantable. J'ai le cœur au bord des lèvres. « Ah oui, c'est vrai que ça secoue, ici, commente le bosco devant ma mine déconfite. On est tout à l'avant du bateau. » Et contrairement à la passerelle, où je suis fourrée toute la journée, la soute manœuvre ne comporte pas la moindre fenêtre permettant de regarder l'horizon. La seule ouverture consiste en une trappe au plafond et donnant sur le pont avant, afin de passer les aussières lors des mouillages et des appareillages. Pressée d'écourter le temps passé dans cet endroit hostile à mon organisme, j'encourage le bosco à me montrer la voilerie, située un étage plus haut. C'est une petite pièce servant à la fois de lieu de stockage pour le petit matériel et de bureau pour les manœuvriers. Sur une sorte de grand coffre en bois clair, une devise a été peinte à la main. Elle est inspirée de vers écrits par un certain Guillaume Joseph Gabriel de La Landelle, né au XIXe siècle, officier de marine et écrivain de son état :

Le plus fort des nœuds est un amarrage
fait sans épissures, goudron, ni filin.
En temps de combat, en temps de naufrage,
ce nœud-là tient bon et jusqu'à la fin.
Le plus fort des nœuds s'appelle courage.
Le bon Dieu le fit au cœur du marin.

Mardi 7 février

Rien à signaler aujourd'hui si ce n'est une suite d'exercices comme il y en aura beaucoup d'autres.

À 17 heures, un point sur l'actualité durant le brief opérationnel du jour nous apprend que deux séismes dévastateurs ont frappé hier le sud de la Turquie et le nord de la Syrie. Dans cette zone frontalière, les Kurdes représentent une part importante de la population. Près de 50 000 personnes auraient péri lors de cette catastrophe et plus de 150 000 bâtiments ont été détruits. Je pense plus particulièrement aux Kurdes de Syrie : comme si des décennies d'oppression de la part du clan Assad ne les avaient pas assez humiliés ! Comme si des années de combat contre Daech n'avaient pas assez décimé leurs troupes ! Comme si la guerre de l'eau menée par Erdoğan n'avait pas assez éreinté leurs populations ! Non, il manquait encore un séisme meurtrier pour mettre à l'épreuve leur résilience.

Devant cette fatalité, je ne peux m'empêcher de déplorer l'inégalité des peuples face à la tragédie. Kurdes, Arméniens, Juifs… Leurs destins sont ceux de martyrs.

En fin de journée, je me rends sur le pont supérieur pour une séance de sport au grand air. Je pédale tandis que le pacha rame. À un moment, il pointe du doigt quelque chose au loin. Je plisse les yeux et je distingue un jet d'eau, sûrement celui d'une baleine.

Nous approchons des Terres australes…

Mercredi 8 février

Il est 6 heures du matin lorsque je décide de rendre visite à Fatiha, notre boulangère, que l'équipage appelle boula. Encore groggy de ma nuit, je traverse la coursive principale déserte pour me rendre dans la minuscule boulangerie. Impossible de manquer sa porte grande ouverte d'où s'échappe une musique dont je ne saurais dire cette fois s'il s'agit de rap ou de hip-hop. Fatiha, silhouette gironde et cheveux crépus attachés en chignon bas, me salue d'un « bonjour » enjoué. Ses yeux brillent, son sourire est chaleureux. Je suis presque soulagée de la trouver de si bonne humeur… Non qu'elle soit un dragon, au contraire. Mais elle a un défaut : celui de ne pas être du matin. C'est un moment où elle ne communique que par grognements. Heureusement pour moi, 6 heures ne correspond pas au matin mais à la mi-journée de Fatiha, qui travaille de minuit à midi.

Elle me présente rapidement sa cuisine, désignant du menton chaque équipement tout en continuant son travail. Je la regarde saupoudrer son plan de travail de farine, couper sa pâte bombée en grosses parts, puis s'emparer tour à tour de chacune afin de la façonner en baguette ou petit pain. Sans doute mes yeux sont-ils émerveillés comme ceux d'un enfant car très vite elle me propose :

« Tu veux essayer ?

— J'aimerais bien, mais j'ai peur de mal faire.

— Ne t'en fais pas, tu feras ça très bien ! »

Elle me montre comment travailler la matière et je tente maladroitement d'imiter ses gestes. Je suis d'une lenteur incroyable et mes œuvres ont tout de gueules cassées. Mais j'éprouve une joie simple à travailler la pâte blanche, onctueuse, si douce sous mes doigts. J'en profite pour interroger Fatiha sur son parcours. Cette fille est épatante. Autrefois cuisinière, elle a décidé de se reconvertir dans la boulangerie en autodidacte, sans être formée par l'institution : livres, vidéos sur Internet… Elle a appris seule à faire du pain et confie d'ailleurs quelques ratés : « L'équipage a été très compréhensif à mes débuts, m'assure-t-elle en rigolant. On m'a pardonné mes erreurs de débutante. Ce n'est pas facile de gérer toute seule la fabrication de pain pour cent personnes… Il faut préparer cinquante baguettes, six pains aux céréales ou aux fruits et vingt petits pains chaque jour. Je me souviens d'une fournée où j'avais oublié la levure. Le pain était dur comme du béton. Mais personne ne m'a fait de reproche. On m'a laissé le temps d'apprendre. »

Cela en valait la peine, puisque Fatiha fabrique l'un des meilleurs pains que j'ai jamais mangés.

Aujourd'hui est un jour spécial, c'est une journée du dimanche, ce qui signifie que l'emploi du temps est assoupli : le branle-bas est décalé, un repas de crêpes est prévu et aucun exercice de sécurité n'a été planifié. En dehors de leurs quarts, tous les marins sont libres de vaquer à leurs occupations.

En début d'après-midi, je rejoins la plateforme hélicoptère où notre dynamique métoc, le premier maître Nicolas, a eu l'idée d'organiser une petite compétition sportive opposant deux équipes dans un enchaînement d'exercices intensifs de courte durée, selon la méthode Tabata. La première équipe est menée par le pacha, l'autre par le second.

Je rejoins la première, aux côtés du Flot 1, d'un aéro nommé Mika, et du second maître Emma. Les pauvres ! Je les plains d'hériter de moi comme coéquipière. Il est loin le temps où je trottinais dans les bois tel un chevreuil… Entre-temps, des examens ont révélé chez moi des difficultés respiratoires mais surtout une thyroïdite de Hashimoto qui m'épuise au quotidien. Deux affections chroniques qui, si j'étais marin, m'interdiraient l'embarquement à bord d'un bateau et me cloueraient à terre pour toute ma carrière. J'en conclus que ma présence à bord du *Nivôse* tient du miracle statistique ! Sur la PLH du *Nivôse* chahutée par les balancements de la houle, j'enchaîne donc péniblement burpees, squats, pompes et abdominaux en soufflant comme si je venais d'échapper à la noyade. Mes camarades ne m'en tiennent pas rigueur : « Allez, Katell ! C'est bien ! » crient-ils pour m'encourager. Je souris pour faire bonne figure même si, en réalité, je suis vexée comme une gamine, blessée dans ma fierté d'ancienne sportive. Mais enfin l'ambiance est excellente et je ne boude pas mon plaisir lorsqu'au moment de compter les points de chaque équipe, la nôtre est décrétée gagnante – une victoire que nous devons surtout au Flot 1, véritable machine de guerre.

Jeudi 9 février

Le temps a changé. Nettement. Le vent souffle de plus en plus fort et vous saisit le corps comme le cœur. Fini les longues contemplations romantiques, assise cheveux au vent sur le strapontin de l'aileron. S'il m'arrive de mettre le nez dehors, je ne m'y éternise pas. D'ailleurs, il ne fait pas beaucoup plus chaud à l'intérieur. La rumeur veut que la température puisse descendre jusqu'à 15 °C dans les postes, où les nuits sont déjà fraîches. « On est sur une frégate de surveillance vieille de trente ans, pas sur un porte-hélicoptères où les postes ressemblent à des cabines de Corsica Ferries », blague un officier-marinier. Il exagère sûrement, mais je veux bien croire que les standards de la Marine nationale aient évolué en trois décennies.

Nous compensons cette chute de température en prolongeant le temps passé sous la douche – nous n'y sommes évidemment pas encouragés, mais c'est un réflexe humain. Encore faut-il supporter l'eau brûlante, car les mitigeurs du *Nivôse* ne semblent pas programmés pour atteindre le subtil niveau de degrés auquel ma peau est habituée. Aussi règne-t-il dans nos hygiènes une atmosphère de sauna où mes camarades et moi tentons de coiffer nos cheveux rendus mousseux par l'humidité. Ainsi faisant, nous échangeons et commentons les derniers bruits de coursive en ayant le plus souvent pour fond musical une chanson du Réunionnais DJ Sebb, dont les rythmes basiques mais efficaces nous donnent envie de twerker malgré nos claquettes aux pieds et nos serviettes nouées en turban sur la tête. S'il arrive que l'une de nous râle de temps à autre à cause de telle infrastructure défectueuse, de telle déception personnelle ou problème professionnel, l'ambiance est volontiers joyeuse et légère. Coquette mais sans chichis. Ni vacheries, surtout. Car si les tensions sont inévitables sur un bateau, j'ai la nette impression d'être tombée sur un bon cru – il paraît que le groupe de femmes de l'année dernière était nettement moins harmonieux parce qu'une fille, partie depuis, faisait tout un sketch pour des histoires de lit défait et de couettes dépareillées.

Elles sont épatantes, ces nanas. Toutes auraient pu choisir une vie très différente : Linda, avec ses dispositions physiques et sa maîtrise de l'arabe comme de l'italien, aurait pu être sportive professionnelle ou interprète ; Kassandra, avec ses deux décennies de danse classique derrière elle, dont un passage d'un an à l'Opéra de Paris, aurait pu devenir professeure ; quant à Emma, titulaire d'une licence de lettres, elle possède une voix sensuelle et chaude qui, étant donné son charisme, l'aurait sans doute rendue populaire si elle n'avait pas abandonné les sélections d'un célèbre télécrochet pour devenir navigateur timonier. Je ne crois pas qu'elles regrettent leur choix ni qu'elles s'imaginent ailleurs. Leur quotidien sur mer comme sur terre n'a pourtant rien de facile, et ses répercussions, notamment pour les affaires de cœur, ne sont pas négligeables. Plusieurs d'entre elles sont célibataires ou connaissent des situations de couple compliquées – soit parce que les compagnons qu'elles rencontrent sont des civils et supportent mal que la marine les prive régulièrement de leur présence, soit parce qu'ils sont militaires et finissent tôt ou tard par rejoindre une nouvelle affectation. Je ne peux m'empêcher de trouver de nombreuses similitudes entre elles et mes amies kurdes : force de caractère, générosité de cœur et joie de vivre.

En les regardant danser, aujourd'hui, il me revient une scène vécue en Syrie. C'était il y a trois ans déjà, un soir où je me trouvais dans le centre de presse militaire de la ville d'Amouda en attendant de rejoindre mon bataillon. J'avais décidé de me rendre en cuisine pour aider à la préparation du dîner. Deux combattantes s'y activaient déjà : Cudî, plutôt grande et élancée, coupait tomates et oignons sur le plan de travail, tandis que Dilovan, de petite taille, un peu enrobée et la mine joviale, était accroupie devant un gros réchaud sur lequel était posée une poêle où revenait de la viande hachée. Proposant mon aide, j'avais remplacé Cudî pour couper les légumes et cette dernière, abandonnant ses ustensiles, s'était mise à traficoter une minuscule enceinte sur laquelle elle avait branché une clé USB. J'avais reconnu la chanson dès les premières notes : c'était « Waka Waka » de Shakira. Tandis que nous cuisinions, Cudî avait commencé à se dandiner ; moi, à battre du pied la mesure ; quant à Dilovan, elle s'était mise à chantonner. Entraînée par cet air tribal et festif, Cudî avait monté le son de l'enceinte pour le faire résonner dans la petite cuisine, avant de s'avancer à pas rythmés vers le centre de la minuscule pièce, pour finir par se trémousser carrément.

Tzamina mina eh eh…

Dilovan l'avait rejointe en bougeant des bras, sa longue tresse lâche ondulant dans son dos, et toutes deux s'étaient lancées dans une chorégraphie improvisée sur le carrelage graisseux.

Waka waka eh eh…

C'est alors qu'elles m'avaient tendu la main : « Viens ! »

D'un bond, je les avais rejointes. Vêtues de nos treillis de combat, nous avions formé une ligne en nous crochetant par le petit doigt pour balancer nos bras tandis que nos pieds, dans nos claquettes de caoutchouc, enchaînaient les pas du halay, la danse des Yapajas et Yépégués que les réseaux sociaux avaient rendu célèbre dans le monde entier. Les paroles de la chanson, que mes camarades qui ne parlaient pas un mot d'anglais ne pouvaient comprendre, disaient :

Tu es un bon soldat, tu choisis tes batailles.
Tu sais que c'est sérieux, la fin est proche,
ce n'est pas fini.
Si tu tombes, relève-toi…

Lorsque la musique s'était éteinte, nous avions fini de préparer le repas dans cette même atmosphère de joie simple. Sans doute mes camarades avaient-elles oublié très vite ce que j'avais vécu comme un instant de grâce.

C'était effectivement un instant de grâce : Dilovan fut tuée quelques semaines plus tard à Girê Spî, le 13 octobre 2019, quatre jours après le lancement de l'invasion du nord-est de la Syrie par les troupes d'Erdoğan.

Vendredi 10 février

Nous sommes entrés en mer de Crozet tôt ce matin.

Jamais je n'aurais pu le deviner si cela n'avait été annoncé via une radiodiffusion de la passerelle. Autour de moi, rien n'a changé, à part ce détail : de grands oiseaux blanc et noir, dont les longues ailes, de loin, semblent dessinées d'un trait de plume, tournoient autour du bateau. Des albatros. Les plus grands oiseaux marins du monde, et dont l'archipel Crozet est un des sanctuaires...

Le temps est maussade. Sur mon carnet, le premier maître Nicolas a griffonné :

Ciel couvert
Vent de sud-ouest 10 nœuds
Mer 4/5 (agitée à forte)

Nous avons appris tout à l'heure que le bateau *L'île Bourbon* vient de quitter La Réunion pour mettre le cap sur l'archipel Crozet. Nous devrions le croiser d'ici quelques jours pour récupérer auprès de lui la pièce de rechange du *Panther*, ainsi qu'une autre appartenant au système d'aide à la manutention d'hélicoptères embarqués, qui permet normalement de déplacer l'hélicoptère en toute sécurité entre la plateforme d'envol et le hangar. Lui aussi vient de nous lâcher en pleine mer... Ce genre de situation me rappelle qu'une infinité de choses peuvent entraver la mission d'un bâtiment militaire.

Ce soir, je dîne à la cafétéria, repaire des matelots et quartiers-maîtres, où aucun gradé ne peut pénétrer sans y être invité. Ce principe a été établi pour que chaque catégorie de grade bénéficie d'un endroit où il peut se sentir libre d'abandonner toute formalité. J'y suis toujours accueillie avec chaleur et simplicité, que ce soit pour dîner autour de l'unique table de bois brut, ou pour m'affaler avec mes camarades sur les banquettes chargées de coussins afin de regarder un film sur l'écran télé. Aujourd'hui, on m'a fait le plaisir de diffuser *Old Boy*, du réalisateur sud-coréen Park Chan-wook, que j'ai découvert par hasard à la fin de mon adolescence. J'avais été fascinée, à l'époque, par cette sombre et mystérieuse histoire d'enfermement, de meurtre et de vengeance. Je le suis toujours.

« Vous allez voir ! ai-je averti les matelots pour les convaincre de regarder ce film. Il faut une petite demi-heure pour entrer dedans, mais ensuite c'est complètement dingue ! » Dingue, le mot est juste. Luttes à mort, arrachage de dents, inceste et coupage de langue au son des violons de *L'Hiver* de Vivaldi... On ne s'ennuie pas. Au point que mes amis ne peuvent s'empêcher de me jeter des petits regards surpris. Aucun d'eux n'imaginait la douce et gentille Katell capable d'apprécier pareille vendetta. Assez rapidement, ils semblent se laisser embarquer par le scénario dont ils commentent les rebondissements avec un humour décontracté. Lorsque Oh Dae-su, le personnage principal du film, massacre une petite armée de sbires patibulaires avec ses poings pour seule arme, l'un des matelots lâche, laconique :

« Ça y est, il a retourné la carte. » Une manière comme une autre de dire : « Il est devenu fou. »

Chapitre V

Au pays des manchots

Samedi 11 février

« C'est n'importe quoi… »

Voilà toute l'éloquence dont je fais preuve devant une vision surréaliste : nous sommes envahis… de manchots.

Les manchots, que nous prenons souvent pour des pingouins, sont d'étranges oiseaux, inaptes au vol mais excellents nageurs, et surtout, de véritables commères. On m'avait prévenue que leur curiosité naturelle les poussait à nager jusqu'au bateau dès son arrivée, mais jamais je n'aurais imaginé pareil comité d'accueil. S'ils n'avaient l'air parfaitement pacifiques, on les croirait venus pour nous saborder, sabre au clair, telle une armée de pirates nains vêtus de smokings ! Des centaines. Ils sont des centaines à cerner le *Nivôse*. Je ne sais pas où poser mon regard et mon œil peine à distinguer les contours de cette foule aquatique. Chaque fois que je m'attarde sur un oiseau, celui-ci échappe à ma vue dans un bref bruit de clapotement, ne laissant pour trace qu'une éphémère grappe d'écume. Seuls ceux nageant près de la coque restent visibles sous l'eau pure et passent lentement, ailerons écartés, tels des spectres sous-marins. Les autres, trop éloignés, se réduisent à une infinité de traits noirs qui surgissent de la surface pour disparaître aussitôt dans un plongeon souple. Reste également une poignée de dilettantes flottant sur l'eau, le cou courbé, tels de simples canards... Penchée par-dessus le bastingage, faisant fi de la fraîcheur matinale qui mordille mon corps frileux, je suis comme hypnotisée par cette étrange manifestation et j'écoute, intriguée, les petits cris indéfinissables des manchots, à peine atténués par le souffle du vent.

J'en oublierais presque l'essentiel. Si nous voyons ces manchots, c'est que nous sommes devant l'archipel Crozet, et plus précisément devant l'île de la Possession, qui appartient à l'ensemble oriental de l'archipel, la partie occidentale étant éloignée de 110 kilomètres. C'est un massif volcanique dont presque toutes les pentes se terminent en falaises abruptes tombant à pic sur l'océan, excepté sur la côte est, qui comporte deux baies, dont la baie du Marin, où nous mouillons actuellement. J'aperçois les bâtiments de la base scientifique Alfred Faure, posés comme des Lego sur un plateau vert qui surplombe la crique du Navire, à laquelle nous faisons face. Une crique que j'aborderai en zodiac dans moins d'une demi-heure...

Il est temps pour moi de rejoindre l'arrière du bateau où se trouvent nos embarcations. Les manœuvriers sont en train de les mettre à l'eau à l'aide d'un énorme treuil. Plusieurs rotations sont prévues sur les deux jours à venir afin de permettre au plus grand nombre de marins possible de découvrir l'île et d'accueillir à bord des hivernants de la base. La plupart des rotations durent trois heures, sauf pour celle de fin de journée, calculée pour que les visiteurs passent la nuit sur place.

C'est aux alentours de 9 heures qu'une demi-douzaine de marins et moi embarquons sur le zodiac pour une traversée de quelques minutes sur la mer assombrie par un ciel toujours maussade. En entrant dans la crique, je porte mon regard au fond de celle-ci, où se trouve la plage. Je comprends seulement maintenant que nous arrivons directement devant la grande manchotière. Ici ce ne sont pas des centaines, mais des milliers de manchots qui occupent chaque mètre carré de ce qui ressemble à un estuaire asséché. Je n'ai jamais assisté à un concert au Stade de France, mais j'imagine que l'impression de masse doit être la même et le bruit de fond précédant le spectacle comparable. Quel boucan! Je sors de ma sidération lorsque notre pilote, nous voyant tout près du bord, coupe le moteur afin d'éviter un « massacre à la tronçonneuse » version Terres australes – il est déjà arrivé que les pâles des hélices blessent un volatile. Des hivernants vêtus de combinaisons en néoprène conçues pour protéger du froid s'avancent dans l'eau pour attraper le nez de notre zodiac et le hisser sur la plage.

Valentine, une hivernante d'une trentaine d'années dont les longs cheveux roux flottent au vent, se présente à nous. Elle nous invite à la suivre en mettant nos pas dans les siens afin d'éviter autant que possible de perturber les oiseaux, dont beaucoup couvent leurs œufs ou réchauffent leurs petits. Nous formons une file indienne et zigzaguons avec précaution entre les spécimens qui, loin de s'effrayer, tentent de nous pincer les mollets de leur bec pointu. Nous sortons finalement de cet étrange labyrinthe pour rejoindre une sorte de terrasse surélevée où se dressent quelques préfabriqués. Le chef de district de Crozet (qu'on surnomme le discro), nous accueille avec une partie de son équipe. Les femmes et les hommes qui l'entourent, vêtus de bottes, parkas et bonnets, sont dans l'ensemble assez jeunes, mais surtout souriants et chaleureux. La rencontre se passe d'autant mieux que, arrivés sur l'île en novembre, ils n'ont pas vu de nouvelles têtes depuis des mois puisque le bateau chargé de les ravitailler, le *Marion Dufresne*, ne passe que quatre fois par an. Parmi les hivernants se trouvent des militaires, mais je serais bien en peine de les identifier. Il faut dire que leur présence sur l'île les dispense du port quotidien de l'uniforme et les autorise à une certaine « fantaisie capillaire », donc à laisser pousser cheveux et barbe.

Nous nous mettons en marche pour emprunter le large chemin en lacets menant au plateau sur lequel se trouve la base scientifique. Très vite, des petits groupes se forment selon le rythme, les affinités et les tempéraments de chacun, contemplatif ou non. De haut, la vision de la grande manchotière fourmillante de points blancs et noirs, étranglée entre deux collines bombées tapissées d'un duvet marron vert, mérite le coup d'œil. Le spectacle est encore plus beau depuis que le temps n'a plus rien à voir avec celui de tout à l'heure : le vent s'est calmé et le ciel, dégagé, laisse parfaitement passer les rayons du soleil. Il fait chaud. « On ne sait jamais comment s'habiller à Crozet, m'explique un scientifique tandis que je me débarrasse de ma tenue imperméable aux airs de combinaison de ski. Selon l'endroit où tu te trouves, la météo peut changer du tout au tout ! » Il semblerait que le maître de l'île soit le vent, qui souffle de toutes ses forces près des falaises et peut tomber soudainement quelques mètres plus loin.

Après cinq minutes de montée, je vois que ceux qui me précèdent se sont arrêtés en demi-cercle sur un replat. Silencieux, ils regardent le bas-côté du chemin. Intriguée, je presse le pas pour les rejoindre et je découvre que Nicolas et Jeanne, deux ornithologues, sont à genoux dans l'herbe en train de manipuler un gigantesque canard blanc : « C'est un albatros ? dis-je, sidérée. Mais il est énorme ! » Je savais que son envergure pouvait atteindre les 3,5 mètres, mais tant qu'on ne le voit pas de ses propres yeux, on est loin d'imaginer ce que cela représente… Nicolas, allongé à côté de lui, maintient le corps du volatile d'un bras et son bec d'une main pour permettre à Jeanne de poser autour de sa patte une bague métallique qui permettra de tracer ses pérégrinations. Je m'enquiers de la méthode de capture. « Il y a une technique très efficace pour attraper un albatros une fois qu'on l'a repéré. Il faut se mettre face au vent pour l'empêcher de décoller et le contraindre à faire demi-tour pour prendre la poudre d'escampette. Et comme il est plutôt pataud lorsqu'il est au sol… »

Je conclus intérieurement : « Ses ailes de géant l'empêchent de marcher. »

Leur manipulation terminée, les deux scientifiques se relèvent et libèrent l'oiseau qui, visiblement peu ému de se tenir devant une vingtaine d'êtres humains, déploie simplement ses ailes comme s'il s'étirait après une sieste. Je demande :

« Ce n'est pas dangereux de baguer un albatros ? Est-ce qu'il ne risque pas de donner un coup de bec ?

– Non, me répond-on. Il est même déjà arrivé qu'un copain, parce qu'un baguage durait un peu plus longtemps que prévu, s'assoupisse sur l'un d'eux ! L'oiseau, qui a senti le relâchement des bras, en a profité pour s'enfuir. Ce sont des oiseaux assez doux. Ils n'ont jamais eu de prédateurs. Les seuls qu'ils connaissent ici sont arrivés par bateaux : ce sont les rats, qui dévorent leurs œufs et grignotent le crâne des adultes sans que ceux-ci sachent comment s'en débarrasser ! Les pauvres ne savent pas se défendre... D'ailleurs, où pourraient-ils cacher leurs nids ? Il n'y a pas d'arbres à Crozet. »

C'est vrai. Il n'y a rien à part un pommier qui, me dit-on, pousse dans une serre depuis des années sans produire le moindre fruit. Même les insectes ont dû capituler face aux vents impitoyables. Chose extraordinaire, les mouches, ici, ne peuvent voler : de leurs ailes d'autrefois ne restent que des vestiges. Se débarrasser de l'essentiel est le seul moyen que l'espèce ait trouvé pour survivre.

Nous reprenons notre marche. Après dix minutes de montée, nous atteignons un promontoire en forme de plateau incliné, probablement formé en des temps immémoriaux par les coulées de lave du pic du Mascarin, point culminant de l'île. Sur notre gauche, une large pelouse jaunâtre mouchetée de pâquerettes descend vers les falaises qui surplombent la baie d'un bleu Klein où repose le *Nivôse*. Une chose, surtout, attire irrésistiblement le regard : très loin, là-bas, au-delà du canal des Orques, se trouve l'île de l'Est. Cette île, qui abrite les plus hautes falaises du monde, est classée réserve intégrale. Ce statut lui vaut d'être interdite à tout être humain, mis à part quelques chercheurs triés sur le volet. Mais il faut croire que la nature se montre encore plus zélée que la législation humaine puisqu'elle recouvre actuellement la montagne d'une ceinture de nuages sublime et irréelle, à la fois diffuse et opaque, qui la soustrait presque entièrement à nos yeux, comme s'il fallait la cacher des regards impudiques. Je suis surprise de n'éprouver aucune frustration à l'idée d'être privée de cette vision. Au contraire, le mystère ne m'en paraît que plus grand, plus beau. Ce phénomène, qui survient lorsqu'une masse d'air chaud et humide est refroidie par une surface froide, porte le nom de brouillard d'advection.

Sur notre droite se trouve la base scientifique, qui se dresse sur un sol couleur ardoise. Ses différents bâtiments sont échelonnés le long de la pente et forment ensemble comme un petit hameau de montagne, le charme en moins. On est plus sur du béton peint ou du préfabriqué que sur du bois de chalet. Je repère également une grande sphère blanche – la station satellitaire –, ainsi qu'un amas de rochers rugueux au milieu duquel a été placé un grand bol métallique rongé de rouille aux airs de soucoupe volante. C'est un de ces anciens chaudrons géants dans lesquels on faisait autrefois fondre la graisse des phoques chassés sur ces terres. On l'utilisait ensuite pour faire fonctionner les lampes à huile. C'était avant que ces îles ne soient entièrement protégées des activités humaines.

Valentine souhaite nous emmener en promenade jusqu'au bord des falaises afin de nous faire découvrir la flore locale. « Mais avant, prévient-elle en nous désignant une porte vitrée, il nous faut passer par le sas de décontamination pour rincer et brosser nos chaussures. » En entrant dans le vestiaire prévu à cet effet, je m'étonne auprès d'elle :

« Mais nous avons déjà aspiré l'intérieur de nos poches et nettoyé nos chaussures tout à l'heure, avant de quitter le bateau…

– Je sais. C'était indispensable pour réduire au maximum le risque d'introduire sur l'île des graines venues de Métropole ou même de La Réunion. Mais il faut également éviter de propager des graines à l'intérieur même de l'île car si certaines zones ont déjà été contaminées par des espèces invasives, d'autres sont encore préservées. »

Tandis que nous marchons en direction des falaises, nos pieds butant sur le sol rocailleux, Valentine nous désigne une plante bombée comme un petit rocher et formant un joli tapis vert moucheté de minuscules fleurs jaunes.

« Ce sont des azorelles, explique-t-elle. L'une des plantes les plus typiques de Crozet, avec le chou de Kerguelen. Évitez à tout prix de marcher dessus car ces plantes sont creuses à l'intérieur et abritent tout un micro-écosystème. La surface est moins dure qu'il n'y paraît. Si vous la percez, la plante mourra, et tout ce qu'elle contient avec. Ce serait triste, d'autant que les azorelles ne grandissent que d'un centimètre par an. Celle-ci doit bien avoir cinquante ans ! »

Je lui demande s'il s'agit d'une espèce endémique de Crozet.

« En réalité, répond-elle, aucune espèce n'a poussé ici spontanément. Ce sont des plantes natives de la région subantarctique que le vent et les oiseaux ont propagées au fil du temps. On en dénombre seize types aujourd'hui, confrontées à soixante-sept espèces invasives...

– Des espèces invasives introduites par les humains ?

– Oui. Le plus souvent de manière involontaire... Mais le résultat est là : la courbe des plantes invasives a explosé ces dernières décennies. »

Je veux bien la croire. Moi qui, au premier abord, croyais peu probable que mes affaires transportent des graines, suis beaucoup moins sceptique vis-à-vis des mesures de décontamination depuis qu'un marin m'a révélé ce matin en avoir découvert trois sous la coque protégeant son portable !

Valentine poursuit :

« Il faut savoir que les espèces natives ne sont pas armées pour faire face à celles venues du continent, beaucoup plus tenaces car habituées à lutter contre d'autres espèces. Tenez, prenez cette herbacée, dit-elle en pointant du doigt une touffe de pâturin. C'est une plante qu'on trouve partout en Métropole. Elle ne devrait pas être là et pourtant, regardez comme elle prospère sur ce terrain. Si on la laisse se propager, ce sera au détriment des plantes de la région subantarctique. Et malheureusement, elle est très difficile à éradiquer... »

Il est déjà l'heure pour les marins de retourner sur le *Nivôse* en emmenant avec eux une partie des hivernants qui déjeuneront à bord. Valentine me confie pour quelques heures aux bons soins de Natacha, la médecin de la base, une jeune femme pimpante et vêtue d'une doudoune matelassée dont le rose tranche agréablement avec les parkas et imperméables tristounes qu'arborent la plupart des hivernants. Elle propose de me faire visiter le bâtiment principal en attendant que soit servi le déjeuner. À ma grande surprise, ce qui vu depuis l'extérieur me donnait l'impression d'un préfabriqué s'avère spacieux et chaleureux. Tout a été conçu pour que la petite communauté vivant sur cette île coupée du monde ne manque de rien – une manière de parer à l'ennui qui la guette lorsque la météo retient les hivernants sur leur base comme dans un cloître. Au sous-sol, auquel on accède par un escalier aux murs de brique d'une ambiance très new-yorkaise, se trouve un petit cinéma, très convaincant avec ses affiches, ses néons stylisés et ses fauteuils rouges, ainsi qu'une bibliothèque plutôt fournie bien que vieillotte. Il y a même une salle à déguisements. Il faut bien tenir la déprime à distance quand on reste enfermé sur une île pendant près d'un an. Surtout durant l'hiver austral, quand la rudesse du climat limite les sorties et les séjours en cabane.

Au premier étage, toutes les pièces sont traversantes, vastes et pourvues de larges fenêtres. On trouve une cuisine professionnelle, une salle à manger à laquelle les tables et bancs en bois clair massif donnent un air de chalet de montagne, une salle de bar assez grande pour y organiser des soirées dansantes, et une salle de billard avec un babyfoot, des étagères de bandes dessinées et un ordinateur. Dans une vitrine sont également exposés les différents goodies de l'île proposés à la vente, parmi lesquels figure une biographie de Paul-Émile Victor parue dans la collection Points Aventure. J'y ai moi-même publié deux de mes livres, notamment un ouvrage collectif intitulé *Femmes d'aventures* dans lequel j'ai écrit le récit de mon engagement auprès des combattantes kurdes de Syrie. Par un hasard extraordinaire, Natacha en a un exemplaire avec elle, ici, à Crozet. Elle me dit :

« Je ne connaissais rien de ces femmes avant de te lire. Cela m'a donné envie de faire des recherches pour en savoir plus. Elles sont extraordinaires ! »

Je ne sais ce qui me trouble le plus : que Natacha ait emporté ce livre au bout du monde pour lui tenir compagnie durant cette année si particulière, ou de savoir que mon texte lui a permis de découvrir le combat de ces femmes exceptionnelles.

Rien que pour cela, je suis heureuse de l'avoir écrit.

Après un excellent rougail-saucisse, accompagné de falafels et de fromage, Natacha m'emmène découvrir l'hôpital de la base.

Moderne et confortable, il a été récemment rénové, comme l'attestent les murs d'un blanc impeccable et le linoléum bleu en parfait état. La première porte à droite mène au bureau de Natacha, qui communique avec sa chambre. Elle me fait ensuite visiter le reste du bâtiment où se trouvent une chambre de repos pour les patients, une pharmacie, un local pour les archives, un cabinet dentaire, ainsi qu'une grande pièce accueillant à la fois la salle de soin et le bloc opératoire. Il y a là une foule d'appareils médicaux dont j'ignore l'usage. Je suis impressionnée par l'équipement de ce petit hôpital perdu au sud de l'océan Indien. Je demande à Natacha :

« Tu sais utiliser tous ces appareils ?

— Il faut bien !

— Mais comment fais-tu ? Je veux dire… Médecin et dentiste, ce n'est pas la même chose !

— J'ai été formée pour ça, tu sais. Ce que je fais s'apparente à de la médecine en milieu isolé. Je dois être capable de pratiquer un grand nombre d'actes médicaux allant de la chirurgie à la dentisterie en passant par la radiologie.

— Mais comment as-tu pu apprendre tant de spécialités ?

— Après avoir été sélectionnée pour aller dans les TAAF, j'ai dû m'engager dans l'armée. J'opère ici en tant que médecin militaire. Puis j'ai été affectée pour quatre mois à l'hôpital des armées de Toulon où je suis passée de service en service afin d'acquérir des compétences en chirurgie, en anesthésie générale et locorégionale, en réanimation, en dentisterie, en radiologie, en échographie et en transfusion. »

Natacha poursuit :

« J'ai ensuite été envoyée à Caen pour une semaine de chirurgie sur cadavre, puis à Chamonix pour une formation de secours en montagne au peloton de gendarmerie de haute montagne. J'y ai appris à descendre sur corde, à remonter, à secourir quelqu'un... Tu sais, il y a une bonne raison pour que nous n'ayons pas le droit de nous déplacer seul sur l'île au-delà d'une certaine distance : il est très facile de se blesser. Imagine qu'un ornithologue parti observer les albatros tombe dans un ravin. D'abord, il faut que son coéquipier prévienne la base et s'assure que le blessé ne risque pas de mourir de froid. Moi, il faut que j'envoie une équipe de secours. Si l'accident a eu lieu non loin de la base, l'opération de sauvetage peut être rapide. Mais s'il s'est produit à six heures de marche d'ici, c'est toute une expédition qu'il faut organiser. »

Natacha me ramène au couloir principal où se trouve le brancard qui doit servir à secourir les blessés. Étonnée de son apparence rigide, je le soupèse pour me faire une idée… « Mais il est super lourd ! Qu'est-ce que ça doit être lorsqu'on met quelqu'un dessus ! » Natacha renchérit : « C'est pour ça qu'un trajet de six heures se démultiplie lorsqu'on porte un camarade sur un brancard. D'autant qu'il n'y a pas de routes et presque pas de chemins, à Crozet. Et ce n'est pas une mince affaire de marcher dans un champ de pierre ou dans les herbes hautes ! Les six heures se transforment alors en quatre jours, il faut prévoir du matériel de couchage et des vivres pour bivouaquer en route. »

Curieuse de savoir ce qui l'a amenée à vivre cette expérience hors norme, je l'interroge sur son parcours.

« À l'origine, je suis urgentiste. Un métier passionnant, vraiment enrichissant, mais aussi éprouvant. Un jour, j'ai ressenti le besoin de faire une pause, ce qui n'a pas été facile car je culpabilisais de quitter les urgences… L'année dernière j'ai eu l'opportunité de faire un remplacement à La Réunion et, un jour de repos, pendant que je me promenais à Saint-Pierre, j'ai découvert la préfecture des Terres australes et antarctiques françaises… Quand je pense que j'ignorais jusqu'à l'existence des TAAF, moi qui m'intéresse tant à la nature !

J'ai postulé et, après quelques entretiens, j'ai été prise. »

Le sourire de Natacha s'atténue, sans disparaître tout à fait. Elle poursuit :

« À l'époque, je venais de vivre une rupture amoureuse. J'ignorais qu'un coup bien plus dur arriverait peu de temps après... J'ai perdu ma mère il y a trois semaines. Je ne m'y attendais pas du tout, elle n'était pas malade. Elle est morte d'un AVC. »

Je ne trouve rien d'autre à dire que : « C'est horrible. » Natacha me sourit doucement.

« Grâce à mon métier d'urgentiste, je sais depuis longtemps que la mort existe, qu'elle fait partie de la vie. Sans doute est-ce ce qui m'a permis de tenir bon... Pourtant je dois admettre que les premiers jours ont été très durs. Ma mère était séparée de mon père et moi, sa seule enfant, je me trouvais à l'autre bout du monde, sans aucun moyen de rentrer pour assister aux obsèques. J'aurais voulu être là, ne serait-ce que pour choisir son cercueil... Ici, tout le monde a été très gentil, très compréhensif. On m'a beaucoup entourée. La préfecture des TAAF m'a même proposé de rentrer en Métropole. J'aurais pu profiter du passage du *Nivôse* pour le faire. Mais je me suis dit : à quoi bon ? Ma mère est morte, rentrer maintenant n'y changerait rien. Au moment de m'embarquer pour cette aventure, je n'ignorais pas qu'en cas de problème, je n'aurais aucun moyen de rentrer en urgence. Sais-tu ce que j'ai fait, au moment où j'ai été confirmée pour cette mission ? J'ai écrit. J'ai tout posé sur le papier. Je voulais être au clair avec moi-même, assumer mon choix, ne pas me mentir. Me conforter aussi en me rappelant à quel point mes proches étaient heureux pour moi et fiers de cette décision. »

J'écoute Natacha sans rien dire ou presque. Cette jeune femme est touchante. Mais c'est une battante, qui ne manque ni de courage ni de caractère.

« Je crois que lorsque quelque chose t'anime profondément dans la vie, il n'y a qu'une seule manière d'agir : foncer. »

Je profite de l'après-midi pour rencontrer d'autres hivernants. J'apprends qu'ils sont une trentaine, excepté pendant la période de passation de décembre, où ce nombre double puisque les hivernants sur le départ forment ceux qui vont les remplacer. Sur trente postes, huit sont occupés par des militaires : pour l'armée de terre, ceux de chef infrastructures, électromécanicien frigoriste, plombier-chauffagiste et chef garage ; pour la marine, ceux de chef centrale et électricien centrale ; pour l'armée de l'air, ceux de chef approvisionnements, chef du service télécommunications et technicien télécoms.

La plupart des hivernants sont là pour faire des séjours en cabane qui leur permettent d'observer les animaux des jours durant. Ces cabanes, construites à proximité des rivières, sont équipées de panneaux solaires, d'incinérateurs, de bougies, et ravitaillées en vivres secs une fois par an par hélicoptère afin de fonctionner en parfaite autonomie. Yann, chargé de leur bon état de marche, y veille attentivement. Le parcours de ce jeune homme élancé, dont la finesse des traits et la blondeur m'évoquent un dessin de Pierre Joubert, n'est pas banal. Ingénieur électronicien de formation et ancien élève-officier pilote de l'aéronautique navale, il est très soucieux du réchauffement climatique dont les effets se font ressentir de plus en plus cruellement en Antarctique. Il me dit :

« Avec Olivier, mon frère jumeau, nous nous intéressons à cette zone depuis le lycée. Il a récemment participé à une expédition nommée "Antarctique 2.0 °C", dans laquelle il était chargé de collecter des échantillons et des données afin de comprendre l'impact de la pollution plastique dans les écosystèmes lointains. Quant à moi, qui suis dans les TAAF le temps d'un hivernage, je découvre une terre exceptionnelle. Les paysages peuvent être tour à tour incultes puis verdoyants.

Et ces décors sont impactés par un tas de microclimats. »

En plus d'être logisticien des cabanes, Yann assure la mission d'électronicien sciences : il s'occupe de la gestion des appareils de mesure et des systèmes de détection permettant l'observation des champs magnétiques. Il assure aussi la veille aux séismes et aux tsunamis, ou encore la mesure de l'air – celui de Crozet a la réputation d'être l'un des plus pur du monde…

« Mais ma mission ne se limite pas à cela, poursuit-il. On a l'occasion de tout faire, ici, même des choses qui n'ont rien à voir avec notre spécialité. J'ai suivi une formation médicale pour intuber des patients et j'ai appris à couler du béton pour aider à la construction du nouveau hangar. Nous nous aidons beaucoup les uns les autres. C'est pour cela que la cohésion est très importante. Tu verras qu'aux Kerguelen l'ambiance est un peu différente, plus clanique peut-être. Mais à Crozet tout le monde se mélange. Nous n'organisons pas de réunions propres aux militaires ou aux scientifiques. Le but, c'est d'être ensemble. »

En fin d'après-midi, je rejoins un groupe d'hivernants dont certains jouent à la pétanque tandis que d'autres, assis nonchalamment sur le trottoir de ciment qui enserre le bâtiment principal, profitent des derniers rayons du soleil en buvant une bière. Je prétexte une soif terrible pour quémander une cannette que l'on m'offre de bonne grâce. Elle n'est pas fraîche, mais qu'importe. Il flotte dans l'air un parfum de bonheur, de ces petits bonheurs dont on ne se rend pas tout à fait compte sur le moment mais qu'on se remémore avec une pointe de nostalgie des années plus tard.

En voyant ces jeunes à moitié assoupis, un sourire de plénitude aux lèvres, j'éprouve une forme de tendresse. Je comprends ce qu'ils vivent et je devine ce qu'ils ressentiront dans quelques mois, quand viendra le temps de retourner en Métropole. Plusieurs d'entre eux pleureront au moment de se séparer. Ils se diront à quel point c'était formidable de se rencontrer ; se promettront de ne jamais se perdre de vue. Certains seront soulagés de retrouver le monde et sa modernité, mais beaucoup connaîtront une forme de spleen. Leur solitude sera d'autant plus forte qu'ils ne pourront la partager avec aucun de leurs proches – ni famille ni amis. Certains hivernants parviendront à se revoir. Mais jamais plus ils ne pourront recréer l'atmosphère vécue à Crozet.

Un type à la peau tannée, chaussé de grosses boots, vêtu d'un tee-shirt et d'un pantalon épais, arrive, l'air nonchalant. C'est l'un des ouvriers venus sur l'île le temps de démolir d'anciens bâtiments et de construire un nouveau hangar.

« Qui veut donner un coup de main pour lisser la dalle des fondations avec l'hélicoptère à béton ? » demande-t-il.

Julie, petite brune souriante aux oreilles bardées de piercings, se lève aussitôt pour le rejoindre. Cette spécialiste des invertébrés en tout genre – coléoptères, araignées, charançons et autres – va s'improviser maçon le temps d'une heure. Loin de passer pour une corvée, le fait d'abandonner ses livres et carnets pour une truelle mécanique semble beaucoup l'amuser. Où pourrait-elle vivre pareil grand écart ? À Crozet, tout le monde s'entraide. Et l'on partage tout.

Nous sommes rejoints par un homme plus âgé, sorte de grand échalas au cheveu rare, le teint pâle et la mine flegmatique derrière ses fines lunettes. Il s'appelle Thierry et se présente à moi comme l'opérateur radioamateur. Arrivé à Crozet en décembre pour une durée de trois mois, il est chargé de mettre en place des équipements permettant de communiquer en audio et vidéo via un satellite géostationnaire. L'intérêt de ce dispositif ? Permettre aux élèves d'une quinzaine d'établissements scolaires ou universitaires de communiquer directement avec les scientifiques de la base afin d'échanger sur leurs recherches, qu'il s'agisse de météorologie, de biologie, de géologie, de magnétisme terrestre ou encore de sismographie.

Il m'explique que Crozet représente l'une des contrées les plus rares pour établir un contact radio sur Terre.

« C'est-à-dire, "l'une des plus rares" ?

— La troisième plus rare, pour être précis.

— Ah oui ! Et quelles sont les autres ?

— Eh bien, la deuxième est Bouvet, une île volcanique recouverte par une calotte glaciaire. Elle appartient à la Norvège...

— Je ne connais pas... Et la première ?

— C'est la Corée du Nord !

— J'aurais dû m'en douter... J'imagine qu'il faut en conclure que nous sommes ici sur une terre vraiment hostile ! »

Thierry se marre doucement :

« Dites surtout qu'il faut être fou pour venir là ! »

Ce n'est pas faux. Peut-être est-ce même la raison pour laquelle je me sens si bien sur cette île. J'y suis entourée de mes semblables – de doux dingues – et il y règne une atmosphère chaleureuse, simple. On se croirait à Woodstock.

Et pour cause ! J'ignore encore que les autres hivernants des Terres australes surnomment Crozet l'île de l'Amour en raison de la remarquable osmose dans laquelle vivent ses occupants...

Après le dîner, je fais la connaissance de Roger, un Réunionnais d'une cinquantaine d'années à la barbe fournie. Sur sa tablette, il me montre des photos d'orques prises il y a quelques semaines dans la baie du Marin: « Ils étaient environ dix ! » m'assure-t-il, l'œil brillant.

Il est conducteur d'engins agricoles et de construction. Ici, c'est lui qui pilote la tractopelle et le chariot télescopique nécessaires aux différents travaux de rénovation et de construction. C'est un habitué des TAAF puisqu'il a déjà eu l'occasion de faire quatre séjours d'un an aux Kerguelen, entre 1985 et 1992.

Étonnée, je demande:

« Pourquoi avoir attendu si longtemps avant de revenir, si y vivre te plaisait tant ? »

Son visage se fait plus grave:

« Il est arrivé quelque chose, lors de mon dernier séjour. Un jour, j'ai demandé à un jeune de me remplacer pour une manip. En tentant de traverser une rivière, il s'est noyé. J'ai mis longtemps avant de me le pardonner… »

Je ne trouve rien à dire pour commenter cette tragédie. C'est Roger qui, après quelques secondes de silence, conclut simplement:

« Trente ans ont passé… Et maintenant me voilà. »

« Katell, n'oublie pas: ce qui se passe en escale reste en escale ! »

Voilà ce que me fait promettre ce soir un officier-marinier du *Nivôse* tandis que, derrière lui, des hivernants déguisés en manchots se trémoussent sur « Best life » de Naps et Gims. Il me prend par l'épaule tout en me jetant un regard de confiance complice, tandis que je vide consciencieusement ma seconde pinte de Picon-bière.

Je jure, je crache – en paroles, du moins :

« Ce qui se passe à Crozet reste à Crozet ! »

Aussi ne trahirai-je rien du déroulement de la petite fête qui se tient ce soir dans la salle commune de la base. Je me contenterai de dire que tous mes camarades, hivernants ou marins, sont en grande forme, et ce bien qu'aucun alcool fort n'ait été apporté, puisque seule la bière est autorisée sur l'île.

En revanche, je crois pouvoir me permettre d'évoquer en quelques phrases mon sentiment personnel quant à cette sympathique relâche. Disons que je m'amuse bien, comme en témoignent les grands tatouages qui me recouvrent les avant-bras. Je me souviens que l'idée m'a paru excellente, tout à l'heure, lorsqu'un manchologue à catogan nommé Robin a profité du fait que j'étais accoudée au comptoir de bois pour me dessiner sur les bras radius, cubitus et phalanges de toutes sortes au feutre orange. Sans doute ai-je flairé le talent de l'artiste. Les dessins, il faut l'admettre, sont fort beaux, tant au niveau du tracé que de la couleur dont la fluorescence produit un effet visuel épatant lorsque je danse. Mais s'agit-il vraiment de danse ? Il n'est pas rare que l'alcool désinhibe les êtres au point de biaiser la perception qu'ils se font de leur talent… comme de leur dignité. Et malheureusement il semblerait que ce soir je me prenne pour Fergie des Black Eyed Peas alors que je n'ai ni son style ni son charisme.

« Nous sommes bien peu de chose », dirait mon père.

Bref, il y a fort à parier que cette nouba me vaudra la gueule de bois de l'année. Mais cela en valait la peine.

Car de l'avis de tous ou presque, cette soirée en escale est la meilleure qu'ils aient jamais faite.

Dimanche 12 février

L'eau est froide et transparente comme de la glace. Elle me brûle le visage. Mais sa morsure n'est rien en comparaison du spectacle qui s'offre à mes yeux, que protègent des lunettes de plongée. Autour de moi, des manchots nagent comme s'ils planaient et laissent dans leur sillage une infinité de bulles argentés, fines comme une mousse de champagne. Leur vol aquatique produit un bruissement clair que sa douceur enveloppante rend plus irréelle encore. La scène est d'autant plus magique que les manchots ne semblent accorder aucune importance à ma présence. Dans ce silence paranormal, rien ne perturbe leur ballet. Je les regarde en me promettant de ne jamais oublier cet instant que je ne revivrai sans doute jamais. Combien sommes-nous sur Terre à avoir nagé avec des manchots ?

Je sors de l'eau et, encombrée d'une immense combinaison en néoprène orange aux airs de grenouillère, je m'assieds maladroitement sur le sable mouillé de la baie du Marin. Le soleil, au loin, se fait plus doux et le ciel se colore de nuances pastel. L'écume des vagues déferle mollement sur mes jambes. Un oiseau trapu effronté s'approche de mon dos pour le piquer de son bec. Un éléphant de mer, immobile comme une statue, me dévisage de ses yeux larmoyants. Quant à moi, je reste là, respirant à pleins poumons la brise salée. Je contemple à loisir le spectacle qu'offrent les centaines de manchots amassés sur la plage dont certains me scrutent avec des attitudes de commères. J'examine leur plumage, lisse et lustré : la tête noire ; les taches d'un orange vif sur les côtés de la tête et le haut de la poitrine ; le ventre, d'une blancheur irisée ; et les ailerons noirs, fins et fuselés… Comme ils sont beaux, ces oiseaux. Si élégants. À vrai dire, plus je les observe, plus je trouve que leur fameuse livrée blanche, qui m'avait d'abord évoqué un smoking, ressemble en réalité à un spencer d'officier. Me voilà donc entourée de dizaines de milliers de marins en habit du soir. Un habit qu'ils portent beau, la poitrine bombée, la tête haute. En revanche, il leur suffit de faire un pas pour perdre toute prestance et faire preuve d'une maladresse aussi touchante que consternante. La raideur de leur squelette donne l'impression qu'une pichenette suffirait à les faire tomber en avant. Il est étonnant de voir ces oiseaux, à qui leur stature fière confère des airs de caïds, avancer à petits pas précautionneux sur la plage de crainte de se casser la figure. Pour eux, le moindre caillou est une montagne, et le moindre trou un ravin ! Leur gaucherie ne les empêche pas de distribuer au passage de grands coups d'ailerons à leurs congénaires – coups d'ailerons qui, paraît-il, font un mal de chien. Mais c'est en mer que la magie opère : lorsqu'ils s'élancent vers les flots, ils nagent avec une aisance et une souplesse remarquables :

« On ne dit pas nager mais marsouiner », me corrige Laetitia quand je la rejoins quelques minutes plus tard.

Laetitia est manchologue, c'est-à-dire spécialiste des manchots. Autant dire une source d'information inépuisable.

« Comment font-ils pour sortir de l'eau comme ça ? Ils ont des ailerons, d'accord, mais leur queue n'a rien de comparable avec celle des marsouins qui l'utilisent pour prendre leur élan !

– Ce sont leurs milliers de plumes, minuscules, qui leur permettent de se propulser. Lorsqu'il est hors de l'eau, le manchot soulève ses plumes pour emmagasiner de l'air qu'il expulse une fois sous l'eau. Nous, on appelle ça le turbo. »

J'écoute Laetitia avec une attention et un intérêt qui m'étonnent moi-même. Pour tout dire, il me semblait assez incongru, à priori, d'imaginer qu'on puisse rester un an sur une île pour y étudier des manchots. Mais à présent que me voilà devant eux, je suis fascinée. Mes yeux passent d'un spécimen à l'autre sans que je me lasse. Et chaque information, chaque détail que l'on porte à mon attention me semble d'un intérêt extraordinaire : ainsi ai-je appris tout à l'heure que l'appareil vocal des manchots, nommé syrinx, leur permet de produire deux bandes de fréquences harmoniques dont la combinaison est originale et unique. Ce sont ces vocalises, dont le vrombissement ressemble à celui d'un moteur de Formule 1, qui permettent à un couple et leur poussin de se retrouver même au milieu d'une foule immense.

Tandis que nous observons les manchots depuis la terrasse, mon œil est attiré par un mouvement étrange, à quelques mètres de moi. Je tourne la tête et je constate qu'une sorte de pigeon blanc tient dans son bec la sangle d'un sac à dos vide, qu'il traîne sur les planches de bois. Je ne sais pas ce qui m'étonne le plus : le fait qu'un petit oiseau déplace un objet si volumineux, ou qu'il dérobe un objet dont je ne vois pas à quoi il pourrait lui servir. Pointant du doigt le rapineur, je le dénonce à Laetitia.

« C'est un chionis, m'explique-t-elle. Ici, on les appelle "chio". Il ne faut rien laisser traîner avec eux. Ils chipent tout ce qu'ils peuvent pour l'emporter dans leur planque. Une fois, j'ai failli me faire piquer des bâtons de randonnée ! »

Pédagogue, elle profite de ce moment pour me présenter chacune des espèces qui nous entourent. Elle les reconnaît quelle que soit la distance :

« Tu vois l'oiseau qui vole de l'autre côté de la baie ? C'est un albatros fuligineux. Celui-là, c'est un labbe subantarctique, qu'on désigne surtout par son terme anglais : skua. C'est un peu plus simple à utiliser au quotidien… Le skua est un prédateur pour les œufs des manchots. Le gros palmipède qui marche comme s'il boitait, là-bas, c'est un pétrel géant. Lui, il est surtout le prédateur des poussins des manchots. Pendant toute la durée de la couvaison et les premières semaines qui suivent la naissance de leur petit, les parents manchots s'en occupent très bien et se relaient tant pour couver l'œuf que pour nourrir le poussin. En revanche, lorsque celui-ci atteint les cinquante jours, les parents s'en vont et laissent leur petit dans ce qui devient une crèche à ciel ouvert. Ils ne reviennent le nourrir que deux mois plus tard et parfois, entre-temps, le petit a été mangé par un pétrel… Le problème, c'est que leur cycle de reproduction ne leur permet pas de se reproduire avant plusieurs années. Les échecs sont nombreux… »

Tandis que nous parlons, une triste scène se déroule sous nos yeux : un poussin martyrisé par ses congénères. Les coups de becs assaillent le corps accablé de la petite victime.

Laetitia commente, affligée :

« Ils sont hyper violents… »

Avant d'ajouter dans un sourire :

« Ils sont un peu cons mais on les aime bien quand même. »

Je pouffe de rire, ravie de sa sincérité. J'aime qu'admirer les manchots pour leurs capacités cognitives et motrices ne l'empêche pas de voir leurs limites. Sa vision de la nature me semble réaliste et plus pertinente que celle, un peu angélique, que véhiculent aujourd'hui nos médias ou réseaux sociaux. L'intérêt de Laetitia pour une espèce animale ne dépend pas de la gentillesse supposée de cette espèce : ce qu'elle souhaite, c'est favoriser l'équilibre de l'ensemble de l'écosystème. Ainsi, lorsqu'un skua jette son dévolu sur un œuf de manchot abandonné, Laetitia n'intervient pas pour le protéger : il faut bien que le skua se nourrisse et fasse vivre ses propres petits ! D'autant plus que les skuas, comme les pétrels, sont indispensables à la survie des colonies de manchots puisqu'ils jouent un rôle de charognards, les débarrassant d'œufs et cadavres qui, en pourrissant, causeraient des maladies. D'ailleurs, les skuas et pétrels eux-mêmes voient leurs œufs être attaqués par les rats, dont la présence sur l'île est due aux humains…

Cette soirée est la dernière que je passe aux côtés des hivernants sur l'île de la Possession. Demain, le *Nivôse* appareillera pour naviguer quelques jours dans les alentours avant de mettre le cap sur les Kerguelen. La Katell de ce soir n'a rien à voir avec celle d'hier : incapable de boire la moindre goutte de Picon-bière, je sirote un Ice Tea bien frais avec des airs de chouette ensommeillée.

« Bah alors, Katell ? C'est pas la forme ? s'étonnent les hivernants et marins présents ce soir, un peu déçus de ne pas retrouver l'énergumène dont on leur a vanté les exploits festifs le matin même.

– Désolée, j'ai tout donné hier !

— Au fait, Katell, me dit un hivernant, est-ce que tu as parlé à Clément ? Il est chaudronnier. Un mec formidable !

— Ah oui ? Et où est-il, ce Clément ?

— Je pense qu'il est dans la salle de billard, probablement devant l'ordinateur.

— Merci pour l'info », dis-je en quittant la salle du bar pour passer dans la dernière pièce du bâtiment où quelques marins, canne en main, encerclent le billard en attendant leur tour dans des postures à la fois attentives et nonchalantes.

Je trouve le fameux Clément au fond de la pièce, face au bureau sur lequel trône un vieil écran d'ordinateur. Ses cheveux châtains moussent autour d'un visage poupin habillé de lunettes à monture épaisse.

Clément a été formé comme chaudronnier par les Compagnons du devoir, un organisme de formation professionnelle aux airs de confrérie qu'il a rejoint dès l'âge de quinze ans en tant qu'aspirant.

« Lorsque j'étais aspirant 1, explique Clément, je suis allé à Strasbourg, où j'ai travaillé sur la fabrication de trains d'atterrissage pour prototypes d'avions de ligne. Une fois passé aspirant 2, je me suis rendu à La Rochelle, où j'ai construit un remorqueur de 35 tonnes du début à la fin. Comme aspirant 3, je suis allé en Ariège pour faire de la chaudronnerie dans des lieux très difficiles d'accès, comme des barrages hydrauliques. On peut travailler sous terre comme en haute altitude. Randonnées, descente en corde, hélicoptère… On ne s'ennuie pas. J'ai aussi travaillé avec un historien et un architecte pour refaire les plaques commémoratives de l'ancien camp de concentration de Natzweiler-Struthof. Un chantier difficile tant moralement que physiquement… Il a fallu fabriquer 1200 plaques pour 1200 tombes. Nous les avons mises en place par -14 °C… »

Cette vie hors norme, Clément me la relate sans se vanter le moins du monde. C'est un passionné discret. D'ailleurs, il me faut bien une minute pour parvenir à éclaircir un détail que je soupçonne. À vingt et un ans seulement, Clément a déjà été désigné meilleur apprenti de France. Les TAAF ? Il en rêvait depuis l'enfance.

« Cela me vient de l'émission *Thalassa*, que je regardais quand j'étais petit. Au départ, je voulais aller en Antarctique, ce qui m'a été refusé. Mais j'étais très heureux de venir à Crozet. L'équipe est formidable. Jusqu'à présent je considérais les Compagnons comme mes seuls amis, mais ici, j'ai fait la connaissance de scientifiques, de médecins, de militaires… Des gens issus d'horizons très divers. Bien sûr, mon travail sur l'île n'est pas très intéressant comparé à ce que je fais d'habitude. Construire un escalier, un garde-corps, une charpente métallique, ce n'est pas passionnant. Alors je m'amuse à rendre service à mes camarades en leur faisant une barre de traction, par exemple. J'aime aussi fabriquer de petits objets pour leurs anniversaires : un bracelet, ou une sculpture, comme pour Natacha à qui j'ai offert un petit albatros en métal. Ici, je ne dispose pas de beaucoup d'outils, ça m'oblige à penser autrement, à être ingénieux. »

Mais ce qui semble le passionner plus que tout, ce sont les animaux.

« Ici, tu tombes amoureux de chaque espèce, m'assure-t-il en souriant. Il faut dire que tu les vois de très près... »

Je lui demande si l'un d'eux a sa préférence. Il réfléchit un instant avant de répondre :

« Je trouve les manchots assez fascinants. J'ai déjà eu l'occasion d'assister Maï-Line, la vétérinaire, lorsqu'elle les soignait. Ce sont des battants. Des animaux très résilients. Même très maigres, même blessés, ils vont puiser au fond de leurs ressources avant d'accepter de mourir. »

Clément n'est effectivement pas un garçon comme les autres. Je le sens à sa façon de parler, à son regard. Je pense que nous nous ressemblions, plus jeunes. Nous n'étions pas normaux – et je choisis sciemment d'ôter les guillemets que l'on se croit souvent obligé d'employer lorsque l'on parle de normalité. Qu'on ne compte pas sur moi pour valoriser ou critiquer ce qui n'est en réalité qu'histoire de statistique et ne relève pas d'un jugement de valeur ! La norme n'est ni positive ni négative, c'est « un état habituel, régulier, conforme à la majorité des cas ». Son existence est naturelle et logique. Ce qu'il faut combattre, ce n'est pas la normalité en elle-même, mais le regard que l'on pose sur ce qui ne lui ressemble pas. Je ne comprends pas qu'on la valorise, qu'on la dénigre, ou pire, qu'on nie son existence comme si le sentiment profond d'être à part tenait de l'irrationnel. « Personne n'est normal, tout le monde est différent », me dit-on parfois. Vraiment ? À qui pense ainsi, je conseille une expérience : se tenir discrètement dans une cour d'école maternelle le temps d'une récréation, pour observer. Avec un peu d'attention, on se rendra compte qu'à l'écart de la foule de bambins s'amusant gaiement, un enfant est assis sur un banc, seul. Pourquoi ? Parce que les enfants qui sortent de l'ordinaire sentent, même confusément, qu'ils sont différents. Et leurs camarades, que la société n'a pas eu le temps de formater à cet âge, devinent eux aussi, d'instinct, que ces enfants-là sont différents. Ils n'ont pas besoin qu'on leur parle de normalité pour comprendre son existence et exclure ce qui n'y ressemble pas.

J'ai connu cela, petite. Les autres me tenaient à distance. J'étais comme un loup que sa meute aurait rejeté parce qu'il n'avait pas leur odeur.

Et je pense que Clément aussi.

À cause de cela, je devine combien il lui en a coûté pour devenir celui qu'il est aujourd'hui.

Lundi 13 février

À 8h20, au centre de la base aux préfabriqués couleur pastel, sur un terrain en pente jonché de pierraille grise.

L'endroit n'est pas très joli ni très solennel. Bref, il est très éloigné de l'idée que l'on se fait habituellement d'une cour d'honneur. L'ensemble manque un peu de pompe, d'autant plus que les marins du *Nivôse*, qui ne peuvent emporter à bord de la frégate tous leurs uniformes, arborent une simple tenue de service courant composée de chaussures bateau, d'un pantalon et d'un jersey bleu marine, et non la tenue de sortie bleu marine qui, elle, comporte une veste. Mais il y a cette estrade de ciment blanc dans laquelle est fiché un mât en forme de croix. Une estrade sur laquelle se tiennent deux militaires de l'armée de terre, vêtus de treillis camouflés et coiffés de bérets. Sur l'épaule de l'un d'eux repose un drapeau qui, dans quelques instants, flottera en haut du mât. À quelques mètres de là, le discro s'avance dans son costume sombre, la poitrine barrée par une écharpe tricolore. À sa droite marche son adjoint – un adjudant-chef portant beau l'uniforme Terre de France – et à sa gauche le pacha du *Nivôse*. Tous deux prennent soin de se tenir un pas derrière le porteur de l'écharpe républicaine... Un détail très symbolique. Je reconnais la sonnerie du garde à vous. Puis celle des couleurs. L'étendard s'élève au rythme des coups de sifflet du gabier. Enfin retentit *La Marseillaise*. Je me redresse, je rapproche mes talons et j'aligne les bras le long de mon corps, tel que le commande l'usage républicain, même pour les civils.

La cérémonie du lever des couleurs, hommage à ceux qui, civils ou militaires, sont morts pour la France, se termine.

Il est l'heure de partir.

À 9 heures, le zodiac qui me ramène à bord du *Nivôse* s'éloigne de la plage où je me baignais hier. Le moteur vrombit de plus en plus fort à mesure que nous sortons de la baie du Marin où s'égosillent encore et toujours des milliers de manchots royaux.

Nous appareillons quelques heures plus tard, vers 13 heures, je crois. Accoudée au bastingage du pont avant, où les manœuvriers font remonter l'ancre gigantesque dans un bruit de cliquetis mat, je scrute le ciel dans lequel vole un albatros. Je ne sais pas pourquoi il me semble important de garder en tête la vision de ce grand oiseau noir et blanc, planant au-dessus du *Nivôse*. Alors que je le contemple, deux autres apparaissent dans le ciel. Puis quatre. Puis cinq. À présent, ils sont seize à tournoyer au-dessus de moi. Seize traits de plume. J'ai la faiblesse d'imaginer qu'ils nous disent au revoir...

Au moment d'entrer dans le carré du commandant, la commissaire du bord, Bertille, m'accueille d'un air faussement inquiet :

« Katell ! On a cru qu'on ne vous récupérerait jamais ! »

Comment ça ? Bien sûr que je reste !

Après tout, ce bateau est aussi le mien...

Mardi 14 février

À 9 heures, au carré OM/OMS.

Ce matin, le métoc nous réunit afin de nous exposer les sautes d'humeur que l'archipel des Kerguelen, qui comme Crozet appartient à la plaque tectonique antarctique, pourrait nous infliger dépressions polaires, effet de foehn, givrage et autres vents catabatiques... De quoi honorer la sulfureuse réputation des cinquantièmes hurlants !

Le PowerPoint est noirci de paragraphes d'une technicité assez rebutante. Assise au plus près de l'écran de télévision, en bonne élève, je m'astreins à une prise de notes rigoureuse. Une manière de me donner bonne conscience. Je ne me fais pourtant pas d'illusions. Je sais que mon cerveau, comme à son habitude, éludera une bonne partie des informations portées à son attention, pour ne retenir que ce qui le frappe ou le passionne. J'ai toujours été comme cela et aucun de mes efforts pour aller contre ma nature n'y a jamais changé grand-chose. Ainsi, je devine que de cette présentation d'une heure ne me restera qu'une seule chose : le mot « catabatique ». Sans doute l'intérêt que je lui trouve tient-il simplement à sa consonance mystérieuse. Catabatique sonne comme cabale, cataclysme, catharsis... ou encore satanique, énigmatique, fantomatique. Lorsque j'entends l'expression « vents catabatiques », une vision de souffles violents, cruels et tranchants comme un coup de faux me vient immédiatement à l'esprit. Il s'agit en réalité d'un vent gravitationnel caractérisé par une descente d'air froid le long d'un relief géographique. D'où son nom, issu du grec « *katábatikos* », qui veut dire « descendant la pente ». Merveille de l'étymologie...

Aujourd'hui est le jour tant attendu de notre rencontre avec *L'île Bourbon*, ce bateau de pêche civil à qui nous avons confié l'importante tâche de nous apporter la pièce de rechange nécessaire au fonctionnement de l'hélicoptère *Panther*, ainsi que celle du système d'aide à la manutention d'hélicoptères embarqués. Le commandant m'a expliqué que nous avions deux possibilités pour récupérer ces pièces : la première est d'envoyer une embarcation rapide vers *L'île Bourbon* ; la deuxième serait de demander à l'équipage du bateau de pêche d'empaqueter le colis de manière à ce qu'il flotte parfaitement, avant de le lâcher dans l'eau pour que nous l'attrapions par nos propres moyens. « Rien de plus simple », s'imagine naïvement la novice que je suis. Erreur, car j'ai omis de tenir compte d'un élément capital de cette équation : la mer, que deux trains de houle creusent et remuent dans tous les sens.

Le bosco et ses manœuvriers se rassemblent sur la plage arrière, au niveau, du pont couvert appelé « passe » où sont rangés deux de nos zodiacs. Le plus puissant vient d'être mis à l'eau et, très vite, le second maître Alexandre descend l'échelle pour prendre place sur la banquette arrière, derrière le gouvernail. L'aspirant Roland le rejoint en tant que passager, portant sur son dos un grand sac imperméable dans lequel ont été logées plusieurs baguettes de pain faites ce matin même par Fatiha – notre cadeau de remerciement aux marins de *L'île Bourbon* –, ainsi que l'appareil photo du bord avec lequel il doit immortaliser l'opération. Tous deux s'empressent de défaire les crochets reliant leur embarcation au *Nivôse*. La chose est loin d'être aisée car la houle les déséquilibre de manière assez spectaculaire. À chaque vague succède une espèce de gouffre aquatique ramenant violemment l'embarcation contre la coque de la frégate. Chez les manœuvriers la tension, bien que contenue, est palpable. Quant à moi, je m'interdis de laisser échapper le moindre cri d'inquiétude – cela n'arrangerait rien à l'affaire. Un détail, toutefois, parvient à m'arracher un sourire : le contraste entre l'aspirant Roland qui, fidèle à sa bonhomie habituelle, semble ravi de cette sortie, et le second maître Alexandre, dont le visage est manifestement crispé par la concentration. Impuissante et inutile, je regarde s'éloigner leur zodiac, que les vagues dérobent régulièrement à ma vue tandis qu'il se dirige vers *L'île Bourbon*.

Tout se passe bien, heureusement. La petite équipe revient saine et sauve avec les pièces tant espérées. Celle du *Panther* tient dans la paume de ma main. Quand je pense que le programme du bateau a été chamboulé pendant plusieurs jours à cause d'une si petite chose…

Sur l'écran de l'appareil photo, l'aspirant Roland me montre les clichés pris quelques minutes plus tôt. On y voit un beau bateau blanc sur la coque duquel sont accrochés de gros ballons aux couleurs roses et jaunes, conférant à l'ensemble une allure festive assez inattendue. On en oublierait presque qu'il s'agit d'un bateau de pêche… Ces ballons sont des bouées qui, une fois mises à l'eau, permettent de repérer les lignes du système de pêche. Quelques recherches sur Internet m'ont appris que *L'île Bourbon* était un palangrier, c'est-à-dire un bateau dédié à la pêche à la palangre – une technique considérée comme plus respectueuse des fonds marins que la pêche de masse, car consistant à dérouler sous l'eau une ligne principale sur laquelle sont montés des hameçons garnis d'appâts. En tant que palangrier, il fait partie des rares bateaux français autorisés à pêcher la légine australe, un gros poisson à bouche charnue appréciant particulièrement les eaux des Kerguelen. La législation l'oblige également à embarquer à son bord, pour chacune de ses campagnes, un contrôleur de pêche des TAAF dont le rôle est de collecter des données scientifiques, de vérifier le respect des quotas de pêche, ainsi que l'application des normes environnementales. Les Français, en réalité, n'accordent que peu d'intérêt à la légine, lui préférant la sole, le turbot, ou encore le saumon d'élevage. Mais sa chair blanche et fondante lui vaut d'être très prisée des chefs gastronomiques chinois, japonais et américains. Ainsi l'engouement considérable suscité par cet « or blanc » depuis le milieu des années 1990 a-t-il été à l'origine d'une pêche illicite dont les excès ont eu plusieurs conséquences désastreuses : épuiser les populations de légine, bien sûr, mais aussi, par ricochet, menacer d'autres espèces, oiseaux et mammifères des archipels Crozet et Kerguelen. Ce poisson, lorsqu'il est à l'état juvénile, vit dans les zones côtières des îles Australes où il nourrit les albatros à sourcils noirs et les manchots ; puis, au fur et à mesure qu'il grandit, il s'éloigne des côtes pour rejoindre les bas-fonds, où il devient la proie d'orques, de cachalots ou de requins dormeurs.

L'État français a beaucoup œuvré pour la protection de ses ZEE australes : entre 1997 et 2000, vingt navires de pêche illicite ont été arraisonnés par les bâtiments de la Marine nationale, puis déroutés vers La Réunion afin d'être confisqués par décision de justice. Surtout, il existe depuis 2004 un système de surveillance radar par satellite des navires situés dans les ZEE des Kerguelen et de Crozet.

Il est 16 h 30 lorsqu'une voix familière retentit dans les haut-parleurs du navire. L'homme précise sa fonction, respect de la procédure oblige :

« Ici le commandant. »

Je ne crois pas l'avoir déjà entendu s'exprimer par ce moyen – les diffusions internes étant habituellement émises par la passerelle ou le PC MES. Mais l'importance du message justifie cette prise de parole. Il s'avère qu'à son retour à La Réunion, l'équipage, au lieu de retrouver la terre ferme, repartira le jour même pour une mission opérationnelle de dix jours au sud de Madagascar. La raison de ce revirement de situation ? Mosi II, un exercice naval mené par l'Afrique du Sud conjointement avec les marines russe et chinoise, officiellement « dans le but de partager des compétences et des connaissances opérationnelles ». Mais personne n'est dupe. Comment croire à un simple exercice de routine alors que la frégate *Amiral Gorchkov*, qui vient d'être équipée d'un missile de croisière hypersonique de nouvelle génération, doit y prendre part ? Et comment ne pas grincer des dents en sachant que les bateaux chinois et russes rejoignent actuellement la zone où doit se dérouler l'exercice en passant par le canal du Mozambique ? La moitié des espaces maritimes du canal sont sous autorité française puisque nous y comptons plusieurs territoires – Mayotte, mais aussi les îles Éparses, Glorieuses, Juan de Nova, Europa et Bassas da India – qui, ensemble, confèrent à notre pays une ZEE de près de 360 100 km² dans cette zone. Cela fait quelques années que la Chine nous dispute cette influence en investissant massivement dans les ports est-africains riverains. Et pour cause ! C'est une voie commerciale stratégique où transitent cinq mille navires chaque année et dont les fonds marins sont soupçonnés de renfermer minerais et gisements d'hydrocarbures.

Tous ces éléments font que « Mosi II » n'a rien d'un détail mais tout d'une démonstration de force. Il est indispensable que la France réponde d'une manière ou d'une autre à cette manœuvre qui, si elle n'a rien d'illégal tant que le droit international est respecté, ressemble à une provocation à peine voilée.

« Ce qu'il faut, m'explique le commandant, c'est empêcher la politique du fait accompli. Ainsi, repositionner le *Nivôse* et les autres frégates des FAZSOI aux abords du canal du Mozambique constitue une réponse diplomatique. Un moyen pour la France de dire : "Nous voyons ce que vous faites." »

Mes amis civils me disent parfois que nos soldats n'ont rien à faire en Afrique ou au Moyen-Orient, qu'ils feraient mieux de se concentrer sur le territoire national pour combattre l'islamisme. Ils devraient se garder de penser que les intérêts sécuritaires et économiques d'un pays se limitent à ses frontières. La vérité, c'est que notre prospérité, donc la pérennité de notre mode de vie, se joue à des milliers de kilomètres de l'Hexagone. Détroits de Malacca, d'Ormuz et de Bab-el-Mandeb ; canaux de Panama, de Suez ou du Mozambique... Il suffirait qu'une crise géopolitique bloque l'un de ces « *choke points* » pour que le commerce mondial soit bouleversé.

Cela me fait penser à une conférence organisée par le Centre d'études stratégiques de la marine dans un amphithéâtre de l'école militaire à laquelle j'ai assisté en février 2017. L'intervenant était un de mes oncles les plus chers, le vice-amiral Antoine Beaussant, ancien commandant de la zone maritime de l'océan Indien. Je me souviens que le titre de sa conférence m'avait frappé.

C'était : « Votre défense commence au large. »

Cinq mots pour dire l'essentiel.

Mercredi 15 février

Vent de nord-ouest 15 à 20 nœuds
Visibilité supérieure à 5 nautiques
Ciel couvert
Mer agitée par houle croisée S-O de 2 mètres
et N-O de 1 mètre

Nous naviguons toujours autour de Crozet. De gros nuages gris caressent les hauteurs de l'île de la

Possession. Des pointes de vent avoisinant les 40 nœuds giflent la plateforme hélicoptère. Cela pose un problème, car c'est aujourd'hui que nous devons mettre en œuvre le *Panther* fraîchement réparé pour l'envoyer sur la côte est de l'île, à Port-Alfred, afin d'y déposer une charge de 80 kg sur la zone de largage et de récupérer le moteur d'un véhicule de manutention devant être réparé à Amsterdam. Or, le *Panther* ne peut décoller avec un vent supérieur à 30 nœuds. Seule chose à faire : positionner le bateau face au vent pour en atténuer l'impact et diminuer le risque de propagation des flammes en cas d'incendie… Puis attendre en espérant que Zéphyr calme ses ardeurs. Trois allers-retours vers l'île sont prévus : le premier pour déposer deux marins qui auront pour mission d'assurer le bon déroulement de l'hélitreuillage sur place ; le deuxième pour déposer la charge et emporter le moteur ; le troisième pour récupérer les deux marins déposés plus tôt.

Je ne connais rien aux hélicoptères. Mais s'il y a une chose dont je suis certaine, c'est que jamais je n'aurais pu devenir pilote dans l'aéronavale. La quantité de paramètres à prendre en compte, l'infinité des calculs à faire, le nombre de scénarios à anticiper est colossal. Sans compter l'extrême concentration dont il faut faire preuve durant le pilotage et le sang-froid inimaginable qu'il faut montrer en cas de panne. Cela est d'autant plus vrai en Terres australes, réputées hostiles aux hélicoptères. Car même si nos pilotes connaissent l'aérologie de montagne et maîtrisent à la perfection le pilotage aux instruments, ils ne sont pas à l'abri d'un accident, comme me le confirme l'enseigne de vaisseau Yann, notre aéro 2 :

« Plusieurs équipages de la 36F (la flottille aéronavale à laquelle appartient son détachement) se sont fait peur aux Kerguelen... Le vent souffle à 50 nœuds presque tous les jours de l'année. C'est une région où les vents catabatiques, rabattants, peuvent déstabiliser violemment un hélicoptère si celui-ci s'aventure du mauvais côté d'une montagne. Il arrive que l'eau des cascades, au lieu de tomber, remonte vers le ciel à cause du vent ! Dans ce genre de situation, le pilote n'est plus maître des événements... »

J'aimerais avoir la chance d'embarquer à bord pour voir cela de mes propres yeux, malheureusement c'est impossible, puisque je suis une civile. La Marine nationale, autrefois plutôt souple en ce qui concerne ce genre d'initiative, a durci ses règles. J'imagine que quelques abus sont à l'origine de cette nouvelle politique. Mais dans les TAAF, une autre contrainte vient s'ajouter : le carburant.

« Habituellement, poursuit Yann, nous prévoyons une certaine quantité de carburant à chaque mission en fonction de la durée du vol, à laquelle nous ajoutons une réserve, par sécurité. Dans les TAAF, cette réserve doit être trois fois plus importante qu'en Métropole. Une masse qu'il faut prendre en compte dans nos calculs, notamment lorsqu'on envisage d'embarquer une personne supplémentaire. »

Dieu merci, la mission du jour se déroule sans encombre…

À 16 heures commence sur le pont arrière un exercice de tir au HK 416. Le HK 416 est le fusil d'assaut dont l'armée française a commencé à équiper ses troupes à partir de 2017 en remplacement du fidèle fusil d'assaut de la manufacture d'armes de Saint-Étienne, le FAMAS, que j'affectionnais pour l'avoir pratiqué durant mes années de réserve au sein de l'armée de terre. J'ai déjà eu l'occasion d'étrenner le HK 416 il y a quelques mois, mais je serais ravie de le manier à nouveau… Par chance, le capitaine d'armes, directeur de tir de cette session, vient de me faire signe d'approcher du bastingage, afin de me faire tirer. C'est ici que se positionnent à tour de rôle les marins. Le but de l'exercice ? Orienter le canon de l'arme vers le sillage du *Nivôse* et tirer sur la cible jetée à l'arrière, qui m'a tout l'air… d'un bidon. Oui, c'est bien cela : un bidon de plastique, de couleur blanche et de forme rectangulaire, relié au bateau par une corde et rebondissant sur l'eau. Je me marre intérieurement, ça fait un peu bricolé. J'ai tort. Tirer sur ce fichu bidon ballotté par les vagues écumantes que creuse notre poupe n'est pas une mince affaire. Je lâche un juron. Il s'agit de ne pas passer pour un soldat d'opérette...

Après avoir terminé ma session, je m'empare de l'appareil photo du bord pour immortaliser les autres tireurs. Il y a ceux qui ont la tête de l'emploi, tel le Flot 1 qui, avec sa silhouette sculpturale et sa posture de pro a tout du commando d'élite; ceux dont la fonction à bord et la bonhomie habituelle font parfois oublier qu'ils sont militaires, tels le major infirmier ou Fatiha. À l'époque où j'étais réserviste, j'avais tendance à déconsidérer un peu les militaires dont la fonction n'était pas dédiée au combat. C'est à Patrice Franceschi que je dois d'avoir revu ma position sur le sujet, après qu'il m'a raconté une anecdote tirée de la guerre d'Afghanistan à laquelle il a participé dans les rangs des Afghans anti-islamistes contre les Soviétiques – c'était dans les années 1980. Parce que ses hommes ne considéraient pas leur cuisinier comme un combattant, il avait dû leur expliquer leur erreur: «Notre cuisinier n'est pas en première ligne, mais nous ne pourrions pas nous battre sans lui. Et lui aussi risque sa vie. Donc il fait la guerre.»

En regardant Fatiha prendre en main le HK 416 avant de défourailler sur le bidon, je comprends à quel point Patrice a raison. Certes, elle est boulangère, mais en cas de combat, elle aussi risquera sa vie. Elle aussi devra faire preuve de force morale, en plus de savoir-faire.

Me revient le souvenir d'une affiche de recrutement pour la Marine nationale qui m'a mise très mal à l'aise lorsque je l'ai découverte le jour de mon arrivée à La Réunion : colorée, pop, glamour. Comme une version marine du générique de la série télévisée américaine *Une nounou d'enfer*… Elle serait signée d'un graphiste varois du nom de Monsieur Z, dont le site Internet m'apprend qu'il a notamment collaboré avec les magazines *Vogue Japan*, *Monsieur*, *Elle* et *Cosmopolitan*. Je ne jette pas la pierre à cet artiste qui n'a fait que son travail et dont les créations me plaisent beaucoup par ailleurs. Mais quelle mouche a donc piqué la Marine nationale lorsqu'elle a fait appel à ses services pour séduire de nouvelles recrues ? Je trouve inapproprié de chercher à rendre nos armées « sympas ». La guerre, qu'on la prépare ou qu'on la fasse, reste une horreur, même si certaines sont plus sales que d'autres. J'entends déjà les protestations : « Il faut bien attirer les jeunes ! » C'est oublier que le problème majeur de nos armées n'est pas le recrutement, mais la fidélisation.

Nombreux sont les jeunes qui ne renouvellent pas leur contrat. En d'autres termes, le problème n'est pas d'attirer en vendant du rêve, mais de retenir pour de bonnes raisons. Peut-être serait-il plus fort de donner du sens à cet engagement en le présentant comme une vocation à servir son pays plutôt qu'en le vendant comme un simple métier. Nos hommes doivent comprendre qu'ils seront militaires d'abord, marins ensuite, techniciens enfin. L'ordre de ces trois rôles est extrêmement important. À quoi servirait d'avoir dans nos rangs le meilleur expert dans son domaine, s'il refusait le caractère imprévisible et le sens de l'abnégation inhérents à son engagement ? Cette question n'a rien d'anodin dans le contexte de retour à la guerre de haute intensité que nous connaissons en Europe depuis l'invasion de l'Ukraine par la Russie.

Sans force morale, une armée n'est bonne que pour les temps de paix.

Or Dieu sait quelles tragédies nous réserve l'avenir...

Jeudi 16 février

Vent de sud-ouest 10 à 15 nœuds
Ciel couvert
Mer 4

Je passe de plus en plus de temps à la cafétéria, où les jeunes matelots et quartiers-maîtres me reçoivent toujours avec chaleur et simplicité. Je me dirige vers le coin télévision pour saluer les quelques marins avachis sur la banquette avant de fixer l'écran, perplexe.

Cette steppe aride et ce soleil brûlant me sont familiers... Je demande :

« Qu'est-ce que vous regardez ?

— *Sœurs d'armes* », me répond un camarade.

Évidemment. Comment pourrais-je oublier ce film sur les combattantes kurdes de Syrie qui, par une cruelle ironie du sort, est sorti en salles le 9 octobre 2019, jour précis de l'invasion du Rojava par les troupes d'Erdoğan ? Son histoire raconte le destin tragique d'une jeune Yézidi du nom de Zara qui, après avoir été capturée et réduite en esclavage sexuel par un Britannique converti au djihadisme, parvient à s'échapper et décide de rejoindre les Yapajas pour libérer son jeune frère que les islamistes ont transformé en « lionceau du califat ».

Après un échec commercial en salles, le film *Sœurs d'armes* prend sa revanche sur le destin puisqu'il rencontre un grand succès sur les plateformes de streaming. Et je suis heureuse de voir que les matelots et quartiers-maîtres du *Nivôse* s'intéressent à ces héroïnes kurdes que le monde est en train d'oublier.

Arrive la scène la plus émouvante du film, durant laquelle Zara tente de ramener à elle son petit frère Keiro sur le point de se faire sauter avec une ceinture d'explosifs. Mains tendues vers lui, le regard habité d'une tendresse infinie, elle lui murmure quelques phrases en kurde. Des phrases que je ne peux m'empêcher de traduire à voix haute :

« *Ez im*. C'est moi. »

« *Li min binere*. Regarde-moi. »

Mon cœur se serre en les prononçant.

À 15 heures, je me rends sur le pont supérieur pour assister à un exercice de tir visant à entraîner nos marins à une menace aérienne. Ce GUNEX est encadré par l'enseigne de vaisseau Aubin, chef du service Artillerie. C'est un jeune homme à la longue silhouette et aux traits distingués, à qui sa mèche de cheveux châtains ondulante donne une allure légèrement romantique. Pour l'heure, le voilà affublé comme ses hommes d'un casque, de lunettes de protection, de la cagoule et des gants de coton blanc complétifs, qui servent à protéger leur tête et leurs mains en cas de feu – le coton, contrairement aux matières synthétiques, ne colle pas à la peau au contact d'une flamme.

Aubin tient à la main une radio et, comme je crains de trébucher par mégarde sur le long fil auquel elle est reliée, j'ai pris le parti de me coller complètement contre la cloison. Ainsi figée, je ressemble probablement à ces victimes en fuite dans les films mettant en scène des tueurs psychopathes... Je m'accorde simplement le droit de tourner la tête de droite à gauche pour observer les marins qui s'entraînent à prendre une visée avec les mitrailleuses de 12,7 mm. La chose ne doit pas être simple car, pour faire pointer le canon vers le ciel, il faut tout de même appuyer sur la double poignée d'une arme de 37 kg à laquelle est suspendue une bande de 105 cartouches pesant, elle, 13,65 kg ! Hommes et femmes font le mouvement sans sourciller. Bientôt, de gigantesques ballons rouges et jaunes s'envolent dans le ciel nuageux afin de simuler un danger aérien – le signe, pour moi, qu'il est temps de colmater mes oreilles avec mes bouchons de cire si je ne veux pas laisser les décibels détruire mes tympans. L'enseigne de vaisseau Aubin attend que les ballons soient suffisamment hauts dans le ciel avant de donner l'ordre de faire feu. En quelques secondes, nous passons du calme au vacarme et bien que je sois accoutumée aux armes, je dois reconnaître que chaque tir me procure un minuscule électrochoc. Mais peut-être est-ce une bonne chose de ne jamais trop se faire à ce genre de bruit.

C'est à ce moment-là que je remarque un signe d'Aubin à mon attention. De sa main droite, il pointe l'aileron bâbord avant d'effectuer un mouvement de vague. Interloquée, je m'écarte de mon mur pour m'approcher du garde-corps et je découvre, ravie, ce qu'il veut me montrer : cinq dauphins marsouinent gaiement à l'avant du bateau, le long de la coque. Je contemple émerveillée leur silhouette gracieuse, leurs petits bonds vifs et courts. Mais s'agit-il vraiment de dauphins ? Ils nagent comme tels mais leur corps blanc et noir, ainsi que leur tête dépourvue de bec les font ressembler à de petites orques. J'apprendrai plus tard qu'il s'agit de dauphins de Commerson – du nom d'un célèbre scientifique ayant navigué avec Bougainville.

Mais ce qu'il y a de magique, dans cette histoire, n'est pas d'avoir découvert des animaux dont j'ignorais l'existence. C'est d'avoir vécu un moment de beauté pure en plein exercice de tir.

Autant dire quand je ne m'y attendais guère…

Vendredi 17 février

À 9h30, comme tous les matins depuis que le *Panther* est en état de fonctionner, j'assiste au déroulement des exercices et missions Avia. Il s'agit de surveillance maritime dont le but est de repérer d'éventuels bateaux suspects mais aussi d'affirmer la souveraineté de la France sur ses eaux territoriales. Depuis le début de mon embarquement, j'ai pour habitude de me poster directement sur les coursives extérieures, tout près de la plateforme hélicoptère. Le vacarme des rotors, le souffle des pales déchiquetant l'air et les effluves de kérosène ont un charme rugueux et singulier… Pourtant, il m'arrive de quitter ce poste d'observation pour aller voir les événements d'un autre point de vue: celui du pacha. Être à la passerelle me permet de mieux mesurer l'infinité des paramètres à prendre en compte dans ce genre de situation. Assis dans son siège surélevé, l'œil braqué tantôt sur le chef de quart, tantôt sur les écrans des caméras filmant la PLH, tantôt sur la radio par laquelle communique la passerelle Avia, le pacha écoute, interroge, réfléchit, avant d'ordonner le décollage de l'appareil. Bref, le commandant commande. Le poids des responsabilités qui pèsent sur ses épaules a de quoi impressionner. Pourquoi ? Parce qu'une mauvaise décision de sa part, qu'elle relève du combat ou de la navigation, peut avoir des conséquences dramatiques pour la centaine d'âmes dont il a la charge. Même s'il est possible d'établir de nombreux parallèles entre commandement et management, je crois capital de comprendre que ces mots ne sont pas synonymes. Le pacha doit mener ses hommes à accomplir leur mission pour défendre les intérêts et la sécurité de leur pays, pas pour faire prospérer une entreprise.

Je sens l'équipage plutôt morose depuis quelques jours. L'annonce de la nouvelle mission dans le canal du Mozambique n'a pas été accueillie avec beaucoup d'enthousiasme. Certains déplorent que son imminence raccourcisse le temps passé aux Kerguelen, d'autres vivent comme un crève-cœur la perspective de repasser par La Réunion sans pouvoir voir leurs familles. Mais ils savent que servir dans la Marine nationale, c'est accepter que la mission l'emporte sur le reste. Sinon, autant mener une carrière dans le tourisme maritime ou la marine marchande... Il faut reconnaître que l'institution exige d'eux nombre de sacrifices. L'un de nos manœuvriers a perdu sa mère deux jours avant d'embarquer ; la même chose est arrivée à l'un des membres du détachement aérien pendant notre escale à Durban. J'imagine qu'il a été très difficile, pour eux, de poursuivre leur mission à bord malgré ces deuils.

Les familles souffrent aussi de ces absences prolongées. Les épouses, surtout. Je dis « épouses », car l'équipage est composé en majorité d'hommes en couple avec des femmes. Dans le milieu civil, il n'est pas rare d'entendre railler ces dernières, souvent dépeintes comme des femmes soumises, coincées, sans ambitions, voire un peu tartes. Bien sûr, les caricatures existent, mais je crois que l'on sous-estime leur mérite. Pour ma part, je considère qu'un militaire n'est pas seul à travailler pour son pays : c'est le couple entier qui sert la France, même si les deux ne combattent pas. L'un dans l'ombre, l'autre dans la lumière. Aussi, il relève du devoir du militaire de ne jamais oublier ce qu'il doit à son conjoint. L'un est en mer tandis que l'autre tient le rôle de base arrière, s'occupant seul de la recherche du logement en cas de déménagement, de la gestion administrative, de l'organisation du quotidien, des réparations et dépannages, de l'éducation des enfants… en plus de leur propre emploi. La vie de famille repose entièrement sur leurs épaules, elles dont le caractère est plus affirmé qu'on ne le croit et sans qui le moral de nos marins s'effondrerait.

Pour tout dire, j'admire ce choix de vie qu'il m'est déjà arrivé d'envisager par le passé. À vingt-cinq ans, j'étais en couple avec un jeune homme dont le rêve était de rejoindre l'armée de terre. Lui s'était épris de moi quatre ans plus tôt, d'une manière si totale qu'elle m'avait effrayée. Notre sensibilité littéraire, notre goût pour la solitude, notre originalité et notre envie de donner du sens à notre existence avaient eu raison de mes réticences. C'est finalement moi qui étais revenue vers lui – et j'avais eu raison, car cette histoire reste l'une de mes plus belles. Nous parlions mariage et enfants. Puis nous nous sommes séparés. J'aurais pu être heureuse avec cet homme, connaître le bonheur d'une vie de famille tout en menant une vie professionnelle estimable et intéressante soit comme professeure de français, soit comme officier de communication, afin de le suivre au fil de ses affectations. Mais quelque chose, au fond de moi, me disait que ce n'était pas le chemin que je devais prendre. Qu'une autre vie m'appelait. Lui aussi l'avait compris. Et il m'aimait assez fort pour souhaiter avant tout que je m'accomplisse. Nous avons mis fin à notre histoire en nous promettant de rester amis et de toujours pouvoir compter sur l'autre. Je sais ce que j'y ai gagné, et ce que j'y ai peut-être perdu.

L'année dernière, pendant mon immersion au 2e RPIMa, j'ai participé à la journée des familles des officiers, organisée au centre commando de La Réunion, face au lagon de La Saline-les-Bains. L'ambiance était conviviale et détendue. Il flottait une odeur de barbecue et la bière coulait à flots. Les enfants jouaient au ventriglisse sur une longue bâche savonneuse, tandis que d'autres faisaient la queue devant une tyrolienne que le chef du centre commando avait installée quelques heures plus tôt. Je m'étais arrêtée devant les cordes tendues pour regarder une petite fille s'élancer dans le vide en poussant des cris de joie. À ma grande surprise, j'avais ressenti comme un pincement au cœur.

Jusqu'à présent, jamais je n'avais éprouvé l'instinct maternel. Pourtant, ce jour-là, l'espace d'une seconde, j'avais souhaité que cette enfant soit la mienne. Et ce désir, depuis, a grandi en moi. Parfois, il m'arrive de penser qu'en choisissant une vie d'aventures à un âge où les autres se marient, j'ai pris le risque de ne jamais trouver l'homme avec qui je finirai mes jours et fonderai une famille. Peut-être ai-je loupé le coche, comme on dit. Mais pourquoi crier à l'injustice ? Personne ne m'a prise en traître. Et de la même manière que je défends quiconque de me taxer d'égoïsme, je ne me sens pas le droit de dénigrer les femmes qui trouvent leur épanouissement en tant que mère. Du moment qu'elles font leur choix en conscience, je le respecte.

Tracer son chemin sans se trahir.

Telle est la clé.

Chapitre VI

Une forteresse nommée Kerguelen

Samedi 18 février

L'eau salée nous gifle les joues, nous brûle les yeux, les paupières et les lèvres. Nous sommes trempés, lessivés, harcelés par les vagues, au point que je me demande comment le pilote de notre zodiac parvient à conduire quoi que ce soit. Et pourtant nos visages crispés par le froid rayonnent de joie. Devant nous la queue d'une baleine surgit de l'eau avant de disparaître aussitôt. Au loin, d'étroites plages de roche noire se dessinent au pied de falaises déchiquetées devant lesquelles tourbillonnent de fines trombes marines. Le ciel est épais, lourd, d'une blancheur spectrale. À côté de moi l'aspirant Florian, les lunettes couvertes de gouttes d'eau, tente d'immortaliser ce spectacle à l'aide d'un appareil photo dont l'objectif, totalement embué, semble hors d'usage. « C'est dantesque », commente-t-il très justement.

Soudain, déchirant un mur de brume, surgit un vaisseau fantôme.

Le *Nivôse*.

Jamais il ne m'a paru plus beau qu'aujourd'hui, navigant prudemment entre ces falaises dignes du Mordor de Tolkien.

Celles des îles Kerguelen.

L'histoire de leur découverte nous a été contée ce matin par l'enseigne de vaisseau Aubin, dont la voix a retenti dans les coursives :

« Dans le monde maritime, rares sont les marins qui peuvent se targuer d'avoir navigué sous les quarantièmes rugissants.

» En 1503, alors qu'il passe le cap de Bonne-Espérance, le capitaine de Gonneville et son navire *L'Espoir* sont pris dans une violente tempête et dérivent pendant plusieurs semaines avant d'aborder une terre verte et neigeuse, située loin au sud. La légende des Terres australes est née.

» En sillonnant les mers du Sud sous ces mythiques parallèles, le *Nivôse* s'inscrit dans la longue épopée commencée il y a plus de deux cent cinquante ans, en 1739 : celle de la recherche du continent austral.

» Au siècle des Lumières, l'Académie royale de marine prend une part active dans la recherche scientifique et hydrographique. Les expéditions sont légion. Celles des marins bretons Bouvet, Marion-Dufresne, Crozet et Kerguelen, qui ont l'audace de s'aventurer vers les confins du Sud, sont de celles-ci.

» Yves Joseph de Kerguelen de Trémarec part depuis l'île de France, l'actuelle île Maurice, avec la flûte *La Fortune* et la gabare *Le Gros Ventre* vers la *Terra Australis nondum cognita* et découvre les îles de la Désolation. Marion-Dufresne et son second, Crozet, s'étaient lancés dans l'aventure quelques mois plus tôt, à bord du *Mascarin*. C'est James Cook qui constatera en 1776 les prises de possessions françaises et renommera ces terres du nom de leurs valeureux découvreurs.

» Ces eaux revêtent un caractère éminemment hostile. Dangereuses, elles ont entraîné dans leur fond de nombreux baleiniers et phoquiers. Marins du *Nivôse*, soyez fiers de franchir ce jour ces eaux de légende et soyez reconnaissants envers Neptune pour la clémence qu'il nous accorde. »

Ce que l'enseigne de vaisseau Aubin a omis de raconter, c'est le scandale dont ces terres furent à l'origine quelque temps après que fut annoncée leur découverte par Yves Joseph de Kerguelen de Trémarec. J'ignore si ce grand navigateur était coupable d'aveuglement, de légèreté ou d'imposture lorsqu'il écrivit ces lignes dans un rapport datant de mars 1772 : « Si l'on considère la latitude des terres reconnues, on ne peut s'empêcher de leur attribuer la plus douce et la plus heureuse température, ainsi que la plus grande fertilité. Tout ce que les yeux ont su reconnaître est entrecoupé de bois et de verdure, ce qui semble annoncer un pays peuplé et cultivé avec réflexion. ». À la cour de Versailles, le nouveau Christophe Colomb vante auprès du roi Louis XV les merveilles de ce continent dont il a pris possession au nom de Sa Majesté pour le baptiser France australe. Las, cette immense terre verdoyante n'était en réalité qu'un ensemble de confettis incultes dont la superficie ne dépassait pas celle de la Corse. La déchéance du sieur de Kerguelen fut à la hauteur de la désillusion... et de son immoralité, puisqu'il semblerait qu'il ait profité de son expédition pour emmener avec lui sa jeune maîtresse, âgée de quinze ans, et organiser divers trafics. À la perte de ses titres s'ajoutèrent sept années d'enfermement dans la forteresse de Saumur.

Au sujet de cet archipel, qu'il explorera à son tour quelques années plus tard, le navigateur James Cook écrira avec son humour tout britannique : « J'aurais dû appeler ces îles *Les îles de la Désolation*, mais je n'ai pas voulu enlever à M. de Kerguelen l'honneur de les avoir découvertes. »

James Cook avait raison de se moquer.

Et je me demande ce qu'il dirait aujourd'hui s'il savait qu'une recommandation de 2015 émise par un organe établi par la Convention des Nations Unies sur le droit de la mer permet à un pays de revendiquer l'extension de sa ZEE jusqu'à 350 milles marins.

Une recommandation qui, grâce aux Kerguelen notamment, agrandit le domaine maritime de la France de 579 000 km² et lui confère au passage le deuxième plus grand espace maritime au monde.

Sans doute Cook s'esclafferait-il :

« Sacrés Français ! Encore une glorieuse défaite ! »

Après quelques heures de navigation en eaux resserrées dans les longs fjords du nord de l'archipel, le commandant décide d'éloigner le *Nivôse* des côtes afin de patrouiller dans une zone où notre radar a décelé un écho suspect. S'agit-il d'un bateau de pêche illicite ? D'un drone marin ? Que nous le coincions ou non, le simple fait de nous en approcher devrait le dissuader de poursuivre ses activités. Peut-être aurions-nous pu envoyer l'hélicoptère en repérage s'il n'était pas immobilisé par la tempête qui sévit depuis le début de l'après-midi. On croirait que le *Nivôse* prend sa douche. Les vagues, énormes, déferlent jusque sur les vitres de la passerelle et donnent l'impression de submerger l'avant du bateau.

Disons que les terres de la Désolation nous accueillent à leur façon.

Ce soir je suis à la cafétéria où se déroule un petit match de football du jeu vidéo *FIFA*, l'un des premiers de la compétition qui a été organisée afin d'égayer un peu le quotidien du bord. Nous sommes une poignée à assister à cet affrontement dans une ambiance bon enfant. Sur le côté droit du canapé sont assis les fans du jeune quartier-maître Romain, mécano aux airs de nounours, tandis que du côté gauche se tiennent les supporters du lieutenant de vaisseau Denys, notre aéro 1. Quant à moi, je suis au centre, trop heureuse d'écouter les cris de joie des uns comme les reproches des autres. Il semblerait que Romain ait eu l'impudence de vanter l'excellence de son jeu à tout l'équipage, au point de prédire son éclatante victoire face à l'aéro 1. Résultat : ce dernier le mène trois buts à zéro ! Les supporters ayant parié sur leur camarade quartier-maître sont furieux :

« Mais c'est pas possible ! » déplore l'un.

« Mec, t'es pas là pour faire tes courses ! » s'exclame l'autre.

Le champion déchu, riant de sa déconfiture, plaide sa cause comme il peut :

« Les gars, je vous jure, j'ai la chkoumoune : quelqu'un a marabouté la manette ! »

Hurlements de rire chez l'équipe adverse...

Dimanche 19 février

Un immense corail brisé. Voilà à quoi me font penser les Kerguelen telles que représentées sur la carte du Service hydrographique et océanographique de la marine. Trois cents îlots rassemblés comme des satellites autour d'une île principale nommée Grande Terre ; 7 215 km² d'entablements basaltiques, de toundra et d'étendues minérales où ne pousse guère plus que du lichen, mais qu'enserrent de vastes forêts sous-marines d'algues laminaires ; de larges golfes, de petites baies, de longs fjords, le mont Ross qui culmine à 1 850 mètres d'altitude, et une calotte glaciaire formant la partie émergée d'un immense plateau volcanique sous-marin vieux de quarante millions d'années ; une terre rugueuse et hostile harcelée par la pluie, la neige et le vent, dont les pointes frôlent régulièrement les 150 km/h. Ainsi pourrait-on résumer l'archipel des Kerguelen.

Hier, après notre navigation en eaux resserrées, nous l'avons contourné par le nord, délaissant l'île Foch et la presqu'île Joffre pour traverser la baie des Baleiniers et rejoindre la côte ouest, près de la péninsule Courbet. Nous sommes ce matin à l'entrée de ce que notre carte indique comme la baie du Morbihan. C'est là que nous mouillerons pendant les deux jours que nous passerons aux Kerguelen.

Il est près de 9 heures lorsque je quitte le *Nivôse* pour embarquer sur le zodiac qui doit nous déposer, le commandant, quelques marins et moi, à Port-aux-Français.

Une fois débarqués, nous sommes accueillis par la cheffe de district des Kerguelen (la disker), que sa petite taille n'empêche pas de revendiquer un côté grande gueule. Cela fait exactement trente ans que cette ancienne militaire de l'armée de l'air rêvait de passer un hivernage sur les Kerguelen. C'était après qu'un de ses sous-officiers en soit revenu des étoiles plein les yeux... La mission, à l'époque, n'était pas ouverte aux femmes. Aujourd'hui, elle en est la cheffe – un terme auquel elle semble très attachée.

Après une prise d'armes sur la place goudronnée de la base scientifique, nous pénétrons dans le bâtiment principal, où se trouvent les cuisines, la salle à manger et, à l'étage, une salle commune étrangement baptisée Totoche – « putain », en créole. Cet immense espace communiquant avec une salle de billard comporte des canapés en cuir et des fauteuils club, un bar en bois, une estrade, ainsi que deux grandes tables de ping-pong. On y a déposé plusieurs assiettes remplies de zakouskis et de macarons faits maison par les cuisiniers et pâtissiers du district. Les hivernants qui s'y trouvent pour nous accueillir ne sont pas très nombreux. « Beaucoup de nos scientifiques sont en cabane en ce moment », m'expliquent-ils. Parmi les présents, il y a Charly, un jeune homme à lunettes et coiffe en catogan, visiblement ravi de voir de nouvelles têtes. Charly est mamintro – c'est le terme qu'ont trouvé les TAAF pour ne pas dire chasseur. Son rôle ? Éliminer les divers mammifères introduits par l'homme de manière volontaire ou non, et dont la prolifération menace la faune et la flore locales. Certains de ces animaux datent de l'époque où l'on expérimentait toutes sortes d'élevages – moutons, cochons et chèvres, aujourd'hui disparus, mais aussi lapins et, moins traditionnellement, rennes. Or il semblerait que ces derniers se soient fort bien acclimaté, au point de former de nombreux troupeaux en liberté dont les sabots piétinent allègrement ces terres déjà pelées. À cela s'ajoute également une armée de nuisibles tels que souris, rats, ou même chats, véritables ennemis des albatros comme de leur progéniture.

Je fais également la rencontre de Chloé, capitaine des sapeurs-pompiers au Centre opérationnel départemental d'incendie et de secours du

Finistère, qui occupe ici le poste de coordinatrice logistique. Son rôle est de coordonner les missions de terrain, gérer les biens et matériels de l'Institut Paul-Émile Victor sur la base, préparer et mettre en œuvre les opérations portuaires menées avec le *Marion Dufresne* pour la partie scientifique. Quand je lui demande ce qui a pu l'amener à s'isoler sur cet archipel du bout du monde, la réponse ne se fait pas attendre : « C'est l'humain. À l'origine je suis ingénieure en informatique, réseaux et télécoms. Question de curiosité, car il faut bien dire que ces technologies régissent le rythme de nos sociétés actuelles. Les communautés qui existent dans ce monde-là me fascinent. Mais c'est également très important pour moi de m'engager vis-à-vis de la société à laquelle je participe, de travailler pour un collectif. C'est comme ça que je suis devenue sapeur-pompier volontaire à l'âge de dix-huit ans. Un pur concours de circonstances, car je ne connaissais rien à cet univers. Mais j'ai tout de suite aimé l'esprit de corps qui y règne : la cohésion, la transmission, le contact avec la population et les familles. Quelque temps après avoir terminé mes études, une fois entrée dans le monde professionnel, j'ai voulu m'y consacrer totalement. Choisir un métier auquel je trouvais du sens. C'est aussi ce que je suis venue chercher ici, aux Kerguelen. Je voulais connaître de nouvelles facettes de la nature humaine, notamment au travers du prisme des évolutions relationnelles et sociales. »

Chloé sourit tandis qu'elle me raconte sa vie sur cette île à la biodiversité inouïe. Elle me parle des éléphants de mer, dont la population s'élève ici à 250 000 individus, soit la deuxième plus importante population mondiale après la Géorgie du Sud. Moi qui pensais que ces gros animaux ne faisaient que barboter au bord des plages, je suis sidérée d'apprendre que leurs talents d'apnéistes leur permettent de rester jusqu'à une heure entière sous l'eau. Ils sont même capables de descendre des colonnes d'eau de 2 000 mètres ! Ce talent, les océanographes ont eu l'idée de le mettre à profit en leur accrochant des balises permettant de collecter de précieuses données sur les profondeurs de l'océan. Un partenariat qui change de l'époque où les chasseurs de graisse débarquaient sur les plages des Kerguelen pour traquer otaries et éléphants de mer…

Chloé poursuit :

« Lorsque les éléphants de mer reviennent en janvier pour muer, il est assez comique de voir les scientifiques courir sur la plage pour repérer ceux qui portent des balises. »

Nul doute que les pinnipèdes ont gagné au change !

Après le déjeuner, un scientifique se propose de nous emmener découvrir les environs. Nous quittons la base où pullulent les lapins de garenne pour marcher en direction de l'ouest, sur les rives plates que l'on découvre après avoir dépassé le port. « Kerguelen, morne plaine », suis-je d'abord tentée de dire, tandis que nous progressons sur les chemins de cailloux bordés par de tristes pelouses rases. Au fur et à mesure de notre progression, le vent s'acharne de plus en plus fort sur nous, comme s'il voulait nous faire rebrousser chemin. Les rafales sont si brusques et puissantes qu'à certains moments je crois m'envoler.

Nous arrivons sur une grève où se dresse, face à la passe Royale dans laquelle a mouillé le *Nivôse*, la statue gracieuse d'une Vierge à l'Enfant. Derrière elle, à quelques dizaines de mètres, se trouve un étrange bâtiment posé à plat comme un parpaing de béton. Son perron est couvert par un auvent surmonté d'une structure de piliers supportant une croix. Sur la façade blanche, des lettres de métal forment une inscription :

VENTUS EST VITA MEA

Ce bâtiment, c'est Notre-Dame-du-Vent. Une minuscule église dont la construction a été lancée en 1957 par le père André Beaugé, présent en tant qu'infirmier-aumônier lors de la septième mission française menée aux Kerguelen. Plutôt froide et austère de l'extérieur, cette église se révèle charmante une fois la porte poussée : un sol de larges pierres grises, un autel taillé dans un grand bloc de basalte, et des murs de chaux blanche que les vitraux teintent d'une lumière rose fuchsia. Je m'assieds quelques instants sur un banc de bois sur lequel une couverture couleur crème brodée de fleurs a été posée. Je respire profondément, en conscience, comme souvent dans tout lieu sacré. Ma relation avec la religion a toujours été assez paradoxale, entre méfiance et fascination. Il m'arrive de l'expliquer par un fait survenu peu de temps après ma naissance, lorsque les médecins diagnostiquèrent chez moi, après beaucoup d'hésitation, une sténose du pylore. Cette maladie, provoquée par une malformation du tube digestif, avait d'abord été écartée car elle survient majoritairement chez les garçons et les aînés, alors que je suis la troisième de ma fratrie. Entre-temps, le nourrisson prématuré que j'étais avait beaucoup maigri : il fallait m'opérer d'urgence. Apprenant cela, mon arrière-grand-mère et ma grand-mère, qui craignaient pour ma vie, avaient décidé de me baptiser en secret – ce que le catholicisme permet « *in periculo mortis* ». La première avait trouvé un prétexte pour éloigner ma mère de mon berceau, ce qui avait laissé le temps à la seconde de faire le signe de croix sur mon front en prononçant quelques paroles. Était-ce une preuve de foi ou une preuve d'amour ? Je ne saurais le dire... Mais je chéris cette histoire comme si elle était l'une des clés de mon étrange rapport à la transcendance.

Quoi qu'il en soit, si Dieu existe, nul doute qu'il visite parfois cette petite église des Kerguelen.

Nous poursuivons notre découverte de ces terres en apparence désertées par toute forme de vie. Nos pieds craquent parfois sous les os d'un petit squelette de rat ou de lapin. Une vertèbre de baleine traîne sur le sol pierreux. Autour de nous piétinent quelques goélands dont mes yeux avides d'exotisme refusent de se satisfaire. Où sont les otaries, les léopards des mers et les gorfous sauteurs qui, m'a-t-on dit, peuplent ces îles ? Soudain, notre guide pointe du doigt une petite silhouette au ventre rebondi : « Tenez ! Voilà un manchot papou. » Mais oui, cette touchante petite bête se dandinant sur le rivage semble une version réduite des manchots que nous avons connus à Crozet. Sans plus attendre, nous dégainons nos téléphones afin de mitrailler cette Kim Kardashian d'un jour, avant de reprendre notre marche pour découvrir, quelques minutes plus tard, une étroite plage de galets en forme d'anse où une demi-douzaine d'éléphants de mer, impassibles, se confondent avec les algues brunes et les rochers. Je trouve ces animaux énormes – ce sont des femelles avoisinant les 500 kg. Mais je n'ai rien vu encore: un peu plus loin, dans les terres où les ruisseaux qui courent vers la mer ont formé de vertes tourbières spongieuses, paressent des mâles de 2000 kg environ, si impressionnants que j'éprouve un peu de timidité à l'idée de les approcher. Surtout, je crains de tomber dans l'une des nombreuses souilles qui creusent le sol. Il paraît que ces mastodontes aiment s'y glisser pour y dormir, quitte parfois à en rester prisonnier... et y mourir, faute d'avoir pu en ressortir.

La nature est impitoyable.

De retour à la base, le groupe de marins venu pour la première rotation sur l'île retourne à bord afin de laisser place à un second groupe. La mission de ce dernier ? Affronter les hivernants dans un match de foot organisé – vents violents obligent – dans un vaste hangar qui, lorsqu'aucune palette n'y est entreposée, sert de salle de sport. Les marquages au sol sont un peu fatigués, mais les buts, qui ont été fabriqués spécialement pour cette rencontre, sont flambant neufs. Surtout, les deux équipes arborent fièrement leurs tee-shirts floqués au nom du *Nivôse* ou du district des

Kerguelen. Quelques marins m'encouragent à les rejoindre, mais je décline poliment. Je m'en tiendrai au rôle de supportrice. La raison de ce désistement est simple : j'ai une très mauvaise coordination motrice et suis incapable de taper dans un ballon – un problème courant chez les gens atteints du trouble du déficit de l'attention. Toujours est-il que je profite d'être sur le banc de touche pour échanger avec les hivernants qui attendent leur tour de jouer. L'un d'eux se nomme Ulrick. C'est un jeune Réunionnais à barbe noire originaire de Saint-Pierre. Arrivé au mois d'octobre, cet ancien peintre en bâtiment travaille ici en tant que conducteur d'engins polyvalent. « C'est moi qui suis chargé de conduire la grue permettant de décharger *L'Aventure II* (le chaland affecté à l'île pour le transport maritime) lorsque le *Marion Dufresne* vient nous approvisionner. C'est mon troisième séjour sur les Kerguelen, et le sixième dans les TAAF. Je suis déjà allé à Crozet et sur toutes les îles Éparses. »

Cela me fait penser qu'il y a un an, lors de mon immersion au 2e RPIMa, j'ai découvert qu'existaient sur nos territoires d'outre-mer des régiments du service militaire adapté. Il s'agit de dispositifs militaires d'insertion socioprofessionnelle offrant aux jeunes ultramarins la possibilité de suivre l'une des nombreuses formations proposées dans des domaines tels que l'informatique, l'aide à la personne, la logistique ou la restauration. Ces centres semblent constituer une réponse pertinente à l'exclusion, au chômage, à la désocialisation et à l'illettrisme que connaissent nombre de jeunes dans ces territoires.

Je me demande ce qui empêche d'étendre un système si vertueux à la Métropole…

À 19 heures, alors que mes camarades et moi prenons une bière à la Totoche, nous sommes appelés à descendre à la cantine pour dîner. Le repas a l'air délicieux, mais je suis frappée par le manque d'ambiance. Qu'importe, il ne tient qu'à moi d'animer cela ! M'approchant de la table des hivernants, j'y pose mon plateau d'autorité – une initiative dont mes voisins semblent se réjouir. Parmi eux se trouve Maël, un jeune médecin à la silhouette longiligne et aux cheveux attachés en catogan. Comme Natacha, la médecin de Crozet, Maël a suivi une formation de huit mois avant de venir ici. Un marathon professionnel. Le fait de disposer sur l'île de solutions de télémédecine ne rend pas moins impressionnant ce parcours… Mais ce n'est pas ce dont nous parlons ce soir. Guidée par mon obsession pour les animaux, j'oriente de nouveau la conversation sur les éléphants de mer. On dit qu'en période de reproduction ou de mue, ces derniers investissent totalement la base, s'étalant de tout leur long un peu partout.

Maël me raconte :

« Un peu après mon arrivée sur l'île, une soirée "Kerguelen sous les étoiles" a été organisée. Toutes les lumières de la base étaient éteintes. Moi, je n'avais qu'une peur : trébucher sur un éléphant de mer. Alors je tendais l'oreille pour guetter le moindre bruit. Heureusement qu'ils éructent en permanence... »

Lundi 20 février

Ce matin, j'ai la gueule de bois – pour ne pas changer de Crozet. La faute à une bouteille de rhum apparue hier soir comme par magie, alors que les spiritueux sont prohibés sur le bateau comme sur l'île. Sans doute étais-je bien éméchée car je me rappelle avoir dansé un zouk peu protocolaire avec un des officiers du *Nivôse* – une très mauvaise idée, a posteriori.

Bref, hier j'étais joyeuse, mais aujourd'hui j'ai l'alcool triste. Le paysage que je contemple sous un ciel lourd et sombre n'a rien qui puisse m'arracher à ma mélancolie. « Heureusement que tu ne restes que deux jours sur cette île », me dis-je tandis que nous longeons de ternes et plats rivages au-delà desquels s'étendent des pelouses sèches. Je me connais. Sauvage comme je suis, il ne me faudrait pas plus de quelques semaines de vie sur ces terres pour me transformer en anachorète – j'ignore d'où me vient cette sorte de masochisme.

Si la superficie des Kerguelen approche celle de la Corse, je doute que l'on puisse pousser plus loin la comparaison entre ces territoires insulaires. L'un s'apparente au paradis et l'autre à un enfer sans flammes, insidieusement troublant. Celui qui vous stupéfie par sa froide beauté et profite de votre hébétude pour vous asphyxier lentement. Ce matin, un vent terrible souffle sur l'île et la mer est si déchaînée que les marins du *Nivôse* arrivés hier soir pour passer la nuit ont dû renoncer à retourner à bord à leur réveil, comme cela était prévu à l'origine, le bateau ne pouvant prendre le risque de mettre à l'eau les zodiacs. En attendant, nous rejoignons la Totoche et ses canapés, où sont affalés quelques hivernants d'une amabilité discutable. Je suis frappée de constater à quel point l'ambiance sur cette base diffère de celle de Crozet. Je la trouve maussade, presque méfiante. Il semblerait que le management autoritaire de la disker n'y soit pas étranger… Cela me fait penser qu'avant-hier, dans le carré commandant, j'ai parcouru un document de quelques pages imprimé à l'attention des officiers. Il s'agissait d'une étude consacrée aux hivernages sur les Kerguelen, parue en 2006 dans la revue *Ethnologie française*. Il y est notamment écrit que : « La vie dans une base [...] subantarctique est moins un problème de météorologie que de climat social. » Cette étude explique qu'un certain Jean Rivolier a identifié chez les hivernants ce qu'il appelle le « syndrome mental d'hivernage », dont « la symptomatologie oscille entre le pôle psychasthénique obsessionnel et le pôle paranoïaque, avec une forte intrication des deux ». Il serait trop long de résumer ces pages, mais je me souviens d'avoir été prise d'un fou rire irrépressible en découvrant les verbatims utilisés pour illustrer la détestation mutuelle qui, manifestement, finit toujours par animer les hivernants des Kerguelen, dont certains n'hésitent pas à s'insulter devant les autres. « Va te laver, tu pues ! » ou « On ne veut pas de toi, tu te casses, tu ne manges pas avec nous » font partie de ce florilège. Mais le plus drôle reste l'extrait d'un journal de bord datant de 2004, dans lequel une hivernante raconte : « J'ai l'impression d'avoir la peau à vif, comme un lapin déshabillé, et de recevoir des fléchettes de partout, je me sens agressée de partout. Je n'ai plus aucune illusion envers la pseudo-amitié des hivernants, qui tout au plus se supportent mais qui s'envoient des méchancetés dès qu'ils le peuvent et dès qu'ils sentent quelqu'un de faible. Je ne les supporte plus, j'aimerais nager, courir, voler loin d'ici pour ne plus les voir, les entendre et ne plus les subir... »

Plaisanterie à part, je ne peux m'empêcher d'imaginer ce que deviendrait une communauté isolée pendant près d'un an sur cette île si les profils n'étaient sélectionnés avec soin et les binômes de travail composés afin d'éviter toute dynamique de dominant/dominé. Nul doute que la loi du plus fort, sans cela, s'imposerait comme dans les films *La Plage* de Danny Boyle et *Sans filtre* de Ruben Östlund.

L'homme, à l'image de la nature, n'est-il pas capable du meilleur comme du pire ?

Je retourne au port, où les marins du *Nivôse* attendent de voir si la mer leur offrira une accalmie dont nos zodiacs pourraient profiter pour les ramener à bord. Face à nous, de l'autre côté de la baie, se dressent d'étranges structures : des stations de suivi satellitaire dépendant du Centre national d'études spatiales, de l'Agence spatiale européenne, et du système européen de positionnement par satellites Galileo – un système de radionavigation à l'efficacité duquel la France, grâce à ses nombreux territoires ultramarins, contribue de manière primordiale. Je profite de notre désœuvrement pour discuter avec le premier maître Louis-Pierre. Il a embarqué à bord du

Nivôse comme passager afin de passer un hivernage aux Kerguelen en tant qu'électrotechnicien. Je l'aime bien, Louis-Pierre. C'est un caractère doux, aimable, sans histoire. Cela me fait bizarre de penser que demain, quand nous appareillerons, il restera sur le quai. Mais lui semble très serein, et heureux d'y demeurer pour les neuf mois à venir. Il s'agit de son quatrième séjour dans les TAAF – et peut-être du dernier, puisqu'il quitte la marine à la fin de l'année. Mais qui sait ? Louis-Pierre, sans attache, choisira peut-être de reposer sur cette île pour l'éternité. Il paraît que les hivernants qui y sont passés ont le droit, s'ils le souhaitent, d'y être enterrés.

Je vois d'ici l'épitaphe :

Voir Kerguelen...
Et mourir.

La tempête s'est calmée. Le groupe de marins retenu ce matin a pu s'en aller et laisser place à un autre, parmi lequel se trouvent notamment l'enseigne de vaisseau Fabien, la commissaire Bertille, l'aspirant Roland, le second maître Linda et le quartier-maître Awen – mes « chouchous », en somme. Ce sont les membres de l'équipe de visite. Afin de travailler leur aguerrissement, un raid avec paquetage sur le dos est prévu demain, dès l'aube.

Ce soir, donc, nous serons sages. Si je ne devais garder qu'une image de cette soirée, ce serait celle d'un moment passé dans la salle de musique jouxtant la Totoche : Bertille au piano ; Roland à la guitare ; Awen assis face à la batterie, les yeux fermés. Tous chantant un petit air basque que je ne connais pas :

Il est un coin de France
Où le bonheur fleurit
Où l'on connaît d'avance
Les joies du paradis
Et quand on a la chance
D'être de ce pays
On est comme en vacances
Durant toute sa vie

Je les contemple, souriants, rayonnants, transportés. Il faudra que je m'en souvienne, de retour en Métropole, les soirs de doute et de solitude. Il faudra que je ferme les yeux pour revoir ce moment où, dans la salle de musique des îles Kerguelen, quelques marins ont chanté ce petit air qui faisait :

Aire tun txikitun,
Aire tun aire…

Mardi 21 février

Il est 8 heures du matin.

Debout sur le quai, je profite des dernières minutes qu'il me reste sur la Grande Terre. Je suis un peu triste de quitter cet archipel mythique après y avoir passé si peu de temps. Mais je n'ai pas vraiment eu de coup de cœur pour les Kerguelen, en comparaison de Crozet… Je ne saurais dire pourquoi. Sauf ce matin. Oui, ce matin est différent. La tempête d'hier est tombée pour laisser place à un calme de paradis, sans un souffle de vent. Il y a cet air d'une pureté cristalline, cette eau d'un bleu profond mais dont la surface miroite délicatement, ces rochers déchiquetés…

C'est beau comme un poème de Federico García Lorca :

L'étale de l'air
Sous la branche de l'écho
L'étale de l'eau
Sous un feuillage d'étoile
L'étale de tes lèvres
Sous la frondaison des baisers

De la sérénité qui m'habite en ce moment naît une certitude : je reviendrai aux Kerguelen. Dieu sait quand et en quelle occasion. Mais j'y reviendrai.

Quelques minutes plus tard, après que mes camarades et moi avons été ramenés sur le *Nivôse*, je reste près de là où sont rangés les zodiacs pour observer le second, Barthélémy, et le plongeur du détachement aéro, Willy, préparer la plongée qu'ils s'apprêtent à faire afin d'inspecter la coque du bateau. Willy sourit tranquillement, fidèle à sa bonhomie naturelle. Barthélémy, concentré mais détendu, m'explique à quel point il est important de s'entraîner régulièrement à cette activité dangereuse qu'est la plongée, même lorsque l'état du bateau ne nécessite pas de le faire. Je repense à la réflexion que j'ai entendue tout à l'heure dans la bouche d'un des marins avant de monter à bord du zodiac : « Le second veut qu'on fasse une inspection de la coque alors que l'eau est gelée... Bah il n'a qu'à la faire, lui, cette plongée ! » C'était mal connaître notre second, commando marine et nageur de combat de son état qui, visiblement, sait qu'un vrai chef commande par l'exemple... Pas de doute, Barthélémy est un guerrier. Corps parfaitement musclé et une « gueule d'acteur », disait Lucas Menget. Le genre qu'on imagine calme et fort au cœur de la tempête. Presque une caricature ! Le jour de notre rencontre, il s'en est d'ailleurs fallu de peu pour que je le prenne pour un robot de combat : visage fermé, ton peu cordial, commentaires laconiques... Heureusement, la vie m'a appris qu'il faut se méfier des apparences – dans l'armée comme dans le civil, chez les hommes comme chez les femmes. Combien de fois ai-je découvert qu'une personnalité sournoise se cachait derrière une amabilité de façade ? Barthélémy, lui, prend le temps de cerner son interlocuteur avant de se montrer amical… ou non. La méthode peut sembler un peu rugueuse, pas diplomate pour deux sous, mais elle a pour avantage de ne laisser aucune place à l'hypocrisie. Et donne d'autant plus de valeur à ses signes d'amitié.

Je me rends sur la poupe, où le bosco et les manœuvriers veillent à ce que le ravitaillement du *Nivôse* en carburant se déroule sans encombre. Ce transfert effectué au moyen d'un énorme tuyau tendu entre la station-service de l'île et le bateau dure cinq heures. Accoudée au bastingage, je profite de la chance d'être libre de toute obligation pour contempler le paysage en appréciant la chaleur des rayons du soleil sur mon visage.

Il est 13h30 quand nous appareillons pour rejoindre l'anse des Léopards et récupérer l'équipe de visite qui termine le raid qu'elle a commencé ce matin. Ensuite, nous mettons le cap vers l'île Saint-Paul.

À 18 heures tombe une brume aussi soudaine qu'épaisse.

On ne voit pas à 100 mètres. Malgré tous nos outils de prévision, la mer ne cesse de nous surprendre.

Elle sait faire fi de nos algorithmes.

Mercredi 22 février

Bilan météo du jour tel qu'écrit par le métoc sur mon carnet :

Brouillard, visibilité inférieure à 1 nautique
Vent de nord-ouest 30 nœuds
Mer 5 par mer du vent
Houle sur 1 mètre
Dans les choux, le métoc !
Je n'ai rien vu venir…

Ce n'est rien de le dire, car la météo est si mauvaise que nous sommes contraints d'annuler le survol maritime du *Panther* prévu à 9h30. Et encore, nous avons échappé à bien pire puisqu'il semblerait que cette nuit la totalité de l'équipage, exceptée moi, ait été réveillée par un vacarme provoqué par l'enroulement de laminaires autour de notre hélice. Emma, qui est l'adjointe directe du chef de quart pour la conduite nautique du bateau, était à la passerelle au moment où c'est arrivé. Elle m'explique qu'il a fallu faire reculer le bateau afin de libérer les pales de ces longues tagliatelles sous-marines.

« Et qu'aurait-on fait si cela n'avait pas marché ?

– Il aurait fallu envoyer les plongeurs pour qu'ils les coupent.

– En plein océan ? Cela doit être très risqué ! Surtout si la mer est mauvaise !

– Que veux-tu, il faut bien que le bateau reparte... Ce n'est pas la première fois que ça nous arrive. Un jour, nous avons été coincés par un filet de pêche. Quand nous l'avons retiré, il y avait un requin déchiqueté dedans... »

Je trouve impressionnant le sang-froid dont font preuve mes camarades à la passerelle. Être responsable de la conduite d'une frégate de surveillance, donc de la vie de son équipage, ce n'est pas anodin ! Il m'arrive souvent de penser à eux la nuit, quand je suis allongée dans ma bannette et que le roulis est si fort que je crois le bateau prêt à se retourner... La plupart ont dans les vingt-cinq ans, qu'ils soient chef de quart comme l'enseigne de vaisseau Fabien ou adjoint chef de quart comme Emma. Je la contemple d'un air amusé. En la voyant ainsi, cintrée dans sa tenue de protection, les cheveux coiffés en chignon, qui pourrait deviner qu'elle vient d'une famille de motards et qu'elle a effectué son premier stage en entreprise chez un tatoueur ? Cette jeune femme est paradoxale, très féminine par certains côtés mais aussi masculine. Nous nous sommes rapprochées depuis que nous nous sommes rendu compte à quel point nous étions semblables durant notre adolescence : solitaires, toujours plongées dans nos livres. C'est grâce à eux qu'elle s'est perfectionnée en français, une langue qu'elle maîtrisait mal avant d'arriver en France après onze années passées en Espagne – son père est Français mais sa mère est Catalane. L'anecdote de sa naissance, d'ailleurs, est impayable :

« Mes parents habitaient en Catalogne. Mais figure-toi qu'un soir, ma mère, enceinte de moi jusqu'aux yeux, s'est mis en tête d'aller passer quelques heures au casino, tout près de la frontière, dans une petite ville nommée La Jonquera, considérée comme un supermarché de la prostitution. Je ne sais plus si elle gagnait ou perdait au jeu mais ce qui est sûr, c'est qu'elle était survoltée : résultat, elle s'est retrouvée sur le point d'accoucher en plein milieu du casino ! Mon père a dû l'emmener d'urgence à l'hôpital. C'est ainsi que je suis née à La Jonquera… »

Je me tords de rire, sans savoir ce que je trouve le plus drôle : l'anecdote ou la manière irrésistible dont Emma la raconte.

Prenant un accent espagnol, elle poursuit :

« Du coup, lorsque j'essaye de frimer en disant que je suis catalane mais que les gens voient sur mon passeport que je suis née à La Jonquera, ils sont un peu perplexes… »

Ce soir, le club de lecture du bateau se retrouve dans le carré commandant. J'ai le plaisir de constater que nous y sommes près d'une dizaine, que les hommes sont aussi nombreux que les femmes et que les grades vont du matelot au trois galons. Il y a notamment le matelot Melvin, un de mes meilleurs camarades. Son goût pour la lecture lui a donné l'idée de créer ce club – il est vrai que je le vois souvent un livre à la main. En tant qu'animatrice, je demande à chacun de raconter en quelques phrases comment les livres sont entrés dans sa vie, puis de nous présenter l'un d'eux en nous expliquant en quoi celui-ci l'émeut, le fait s'interroger ou le passionne. Cette dernière question m'importe beaucoup car il me semble que nos lectures préférées révèlent en partie ce que nous sommes. Aussi suis-je touchée de voir ces jeunes marins se confier avec simplicité, enthousiasme ou pudeur. Certains citent un polar ou un manga, d'autres ont des références plus classiques comme *Vingt mille lieues sous les mers*, ou plus confidentielles, à l'instar de Maelenn, notre médecin, qui évoque *Lettre à Laurence* d'un certain Jacques de Bourbon

Busset. L'auteur écrit à son épouse cette phrase: « Aimer, c'est aimer la différence de l'autre. C'est ton âme qui m'a vaincu. Certes, j'admirais ton intelligence, ta sensibilité, ton énergie, mais que m'auraient importé ces qualités si elles n'avaient été rassemblées, unifiées par une force plus forte qu'elles toutes, par une exigence inconditionnelle ? »

Chapitre VII

Deux volcans sur l'océan

Jeudi 23 février

Vent de nord-ouest 15 à 20 nœuds
CAVOK[1]
Mer 4, houle sud-ouest 1,5 mètre
Peu nuageux à nuageux

À 1 h 30 du matin, nous avons pénétré la ZEE de Saint-Paul et Amsterdam. En une nuit, la température de l'eau s'est réchauffée de dix degrés.

À présent, nous voici face à Saint-Paul, minuscule caillou volcanique inhabité de 8 km^2. L'île est percée d'un large cratère qu'une brèche s'ouvrant sur l'océan a transformé en lac. Le spectacle de ce

1. *Clouds and visibility OK* (nuages et visibilité OK).

volcan éventré est grandiose et je regrette de ne pouvoir mettre le pied sur ce territoire que son statut de « réserve intégrale » nécessite de protéger autant que possible des incursions humaines, en dehors de rares missions scientifiques. Cette île serait-elle maudite ? J'apprends qu'une tragédie s'y est déroulée il y a presque un siècle, lorsque la société havraise La Langouste française, au terme d'une campagne de pêche autour de l'île, demanda à plusieurs de ses marins-pêcheurs d'assurer le gardiennage des installations jusqu'à la prochaine campagne. Ils étaient sept – un Malgache et six Bretons, dont une femme enceinte qui accompagnait son mari. Ils devaient rester soixante jours sur cette île que harcèlent des vents impitoyables. On les y abandonna neuf mois. Lorsque le bateau revint, cinq corps couchaient sous la terre grise : ceux de quatre adultes, emportés par le scorbut pour la plupart ; et celui d'un nourrisson, la petite Paule, dont le cadavre reposait dans une caisse à boîtes de conserve.

Ce sont les oubliés de Saint-Paul.

À la tristesse qu'éveille en moi cette histoire s'ajoute un vague à l'âme plus égoïste et terre-à-terre. Le pacha m'a annoncé que je ne pourrai pas rester sur le *Nivôse* pour la mission opérationnelle visant à répondre à la tenue de l'exercice

Mosi II. Il a plaidé en ma faveur auprès de ses supérieurs, mais rien n'y a fait. Je m'y attendais, bien sûr, et il serait puéril que je m'offense de cette décision puisque mon embarquement avait pour but de raconter la mission TAAF, et non une mission opérationnelle. N'empêche, j'ai le cœur gros à l'idée de quitter mes camarades dans si peu de temps. D'autant que je ne m'étais pas rendu compte que le mois de février est le plus court de l'année : il reste donc cinq jours avant notre arrivée, le 1er mars, à La Réunion. J'ai encore tant de choses à découvrir à bord, tant de marins à connaître, tant de métiers à comprendre, tant de quarts de nuit à faire... Surtout, je ne peux me résoudre à quitter cet équipage auquel j'ai désormais le sentiment d'appartenir.

Je ne veux pas partir. Tout simplement.

Vendredi 24 février

« *Machallah !* » dis-je en apercevant une baleine qui déchire les flots pour se découvrir tout entière, avant de s'enfoncer dans le bleu de l'océan.

« *Machallah !* » « Dieu soit loué ! » Une manière de dire : Dieu, comme ta créature est belle.

Quelle chance de voir cet animal évoluer si près de nous ! Il longe le bateau de la proue jusqu'à la poupe, et se jette à nouveau dans les airs avant de disparaître dans la mer. Penchée par-dessus le garde-corps de l'aileron tribord, je souris, émerveillée comme une enfant. Contempler ce gigantesque cétacé sous un ciel d'un azur pur, face au volcan de l'île Amsterdam que de fins nuages mousseux coiffent comme une couronne blanche, est un spectacle que je m'interdis de jamais oublier.

Au-dessus de nous résonne le martellement des pales du *Panther*. Depuis 8 heures du matin, il enchaîne les manœuvres. Ses nombreux allers-retours sur l'île Amsterdam, que nous avons atteint peu après avoir quitté Saint-Paul, sont destinés à déposer le moteur de tracteur récupéré à Crozet et à aller chercher deux hivernants qui rentreront avec nous à La Réunion : un marin occupant la fonction d'électricien de la base et un civil, maçon de formation, venu sur l'île pour bâtir un hangar.

Il est 13 heures lorsque le zodiac dépose à bord une dizaine d'hivernants d'Amsterdam. La commissaire Bertille les accueille et commence par leur faire visiter le bateau en attendant que leur déjeuner soit servi. Nos pauvres hôtes ignorent que l'heure du repas est déjà passée pour les marins du bateau qui sont retournés à leur travail ou sont en train de se reposer dans leurs bannettes. Aussi, je propose à Bertille de leur tenir compagnie pendant leur déjeuner au carré OM/OMS, très contente d'avoir pour moi seule ces habitants d'une île que je ne pourrai pas visiter. Je les sens un peu déçus d'arriver sur un bateau vide en apparence. Sans doute espéraient-ils rencontrer d'authentiques marins et non une écrivaine de passage. Mais ils sourient de bon cœur, heureux de changer d'air, et quelques minutes suffisent pour réchauffer l'atmosphère. En bonne maîtresse de maison, j'essaye d'en apprendre un peu sur mes voisins. Il y a Diane, que son métier d'informaticienne nomade a amenée jusqu'ici; Virgile, originairement spécialiste de l'eau, que l'on a chargé de recueillir des données sur l'air réputé le plus pur de la Terre; Brieuc, qui a postulé quatre années de suite avant de pouvoir rejoindre cette mission en tant que mamintro et chasser ainsi souris, rats et chats, qui continuent de transmettre aux gorfous et albatros le choléra aviaire apporté par les poulets autrefois élevés sur l'île.

Nous quittons le carré OM/OMS pour emprunter la coursive principale et rejoindre le pont arrière. Là se trouvent quelques marins qui ont défait le haut de leur tenue de protection pour en nouer les manches autour de leur taille – ce qu'on appelle porter à mi-drisse – afin de profiter des rayons brûlants du soleil tout en fumant une cigarette. Nos hivernants, ravis de découvrir de nouvelles têtes, engagent la conversation tandis que je discute avec Brieuc. Il m'interroge sur mes différents livres publiés dans la collection Points Aventures, dirigée par Patrice Franceschi :

« Tu connais Franceschi ? s'étonne-t-il. Mais c'est formidable ! Je l'admire énormément ! Je l'ai croisé un jour au festival Étonnants Voyageurs de Saint-Malo ! »

Je lui promets de le lui présenter lorsqu'il rentrera en Métropole et nous échangeons nos adresses mail respectives. Il est déjà 14 h 30, l'heure, pour lui et ses amis, de retourner sur l'île. Je les embrasse affectueusement avant qu'ils n'empruntent l'échelle menant au zodiac. Cela peut sembler exagéré, mais il suffit parfois de quelques heures pour percevoir l'essentiel. Je ne connais rien d'eux, mais je les ai sentis simples, curieux, sincères. J'aurais aimé les connaître davantage.

Ils m'ont rappelé ce que j'ai vécu à Crozet.

À partir de ce soir, le bateau coupe son GPS pour passer à la navigation à centrale inertielle jusqu'à notre arrivée à La Réunion. Ce mode de navigation consiste à déterminer notre position à l'aide de calculs dont la complexité me donne la migraine rien que d'y penser. Mais le plus impressionnant à mes yeux reste que nos marins sachent naviguer aux étoiles, c'est-à-dire en observant les astres à l'aide d'un sextant. Le pacha tient à ce que ses marins entretiennent ce savoir que notre marine est l'une des rares à maîtriser encore. Beaucoup de pays l'ont abandonnée au profit du tout numérique. Il semblerait pourtant que plusieurs d'entre elles y reviennent – l'US Navy en tête. Sans doute ont-elles compris que l'astronomie, loin d'être une science moyenâgeuse, pouvait être utile dans le cas d'une guerre non asymétrique. En cas de graves dommages infligés au bateau par un ennemi puissant, un GPS en panne ne serait pas d'une grande utilité. Le problème, c'est qu'il est difficile de former de nouvelles recrues lorsque tous ceux qui maîtrisaient ce savoir sont partis à la retraite…

Samedi 25 février

Vent de nord 10 à 15 nœuds
Ciel nuageux
Mer 3 par houle N/N-O de 1 mètre,
O/S-O de 1 mètre
Cumulification modérée pouvant
s'accompagner d'averses

La journée commence sur les chapeaux de roues. À 7h40 résonne une diffusion annonçant un SECUREX. L'exercice d'aujourd'hui simule le cas d'un container qui, en percutant le *Nivôse* à l'avant, a provoqué une brèche au niveau du propulseur d'étraves – autant dire le cauchemar de tout marin. En quelques secondes, l'ambiance du bord change du tout au tout : la coursive principale se remplit et les ordres fusent. L'exercice était prévu à l'ordre du jour mais l'heure n'était pas spécifiée. On appelle ça un INOPINEX. J'imagine que l'objectif est de créer un maximum de surprise au sein de l'équipage afin de se rapprocher autant que possible des conditions de stress d'un véritable sinistre, même si je doute que ce soit vraiment le cas… Visionner le film *Titanic* serait sans doute plus efficace ! L'enseigne de vaisseau Benoît, qui a préparé cet exercice, m'explique que la manière de gérer ce type de problème change selon qu'il intervient en temps de paix ou en temps de guerre :

« En temps de paix, le commandant doit déterminer si la priorité doit être de lutter contre le sinistre ou de préserver la vie humaine. En cas de guerre, les choses se compliquent : faut-il déplacer le bateau en urgence ou combattre ? »

C'est pour préparer ce genre de configuration qu'intervient quelques heures plus tard le MACOPEX, l'exercice de maîtrise des capacités opérationnelles. Il s'agit d'un exercice que tous les bâtiments de surface de la marine organisent régulièrement afin de travailler la résilience de l'équipage. Le but est de minimiser les conséquences opérationnelles des impacts de combat pour permettre la poursuite de la mission le plus longtemps possible – que ce soit le pistage de sous-marin, la lutte anti-aérienne, la frappe contre la terre ou encore le déploiement amphibie. Le scénario du jour ne manque pas de piment puisqu'il prévoit sept départs de feu successifs à l'intérieur du local auxiliaire milieu, en même temps qu'une attaque asymétrique de la part de quelques vedettes armées de lance-roquettes type RPG et de mitrailleuses de 12,7 mm. Une situation que je suis soulagée de ne pas connaître en conditions réelles...

Il est 17h45 lorsque je me rends sur la plage avant du navire où se trouve la tourelle de notre canon de 100 mm, une drôle de machine blanche qui ressemble à un casque de Stormtrooper dans *Star Wars*. Depuis plusieurs jours, j'intrigue pour que le second maître Thomas et le maître Estienne me permettent d'assister à une séance de tir *in situ*. La dernière fois, nous avons dû reporter pour cause de panne. La tourelle, qui doit être changée dans quelques semaines, arrive visiblement en fin de course – elle a dix ans. Une fois remplacée, elle sera théoriquement en mesure de tirer près de 80 coups par minute, pour une portée utile de 12 000 mètres, et une portée maximale de

17000 mètres. Pas mal… Je n'en attendais pas moins de ce mastodonte de 22 tonnes composé de la tourelle, d'un calculateur et d'un radar de poursuite appelé télépointeur.

En pénétrant à l'intérieur de la tourelle, je ne peux m'empêcher de penser au dessin animé *Le Château dans le ciel* de Hayao Miyazaki, où les machines de guerre sont omniprésentes : rouages, leviers, manivelles et engrenages de métal ont des dimensions énormes.

Mes camarades prennent leur place : Thomas à gauche du canon, face aux instruments de visée optique, et Estienne dans la nuque de la tourelle, légèrement en hauteur, face à plusieurs écrans et claviers. La séance de tir va commencer.

« Assieds-toi là, me disent-ils en désignant une sorte de console métallique. Et accroche-toi, ça va secouer ! »

Je m'exécute en prenant soin de protéger mes oreilles à l'aide d'un casque, avant de m'accrocher à une poignée non loin de la porte. Je fais bien. Aussitôt, la tourelle se met en branle dans un bruit de beuglement pour pivoter violemment. Le haut de mon corps peine à suivre. La scène est presque comique. J'ai l'impression d'être un personnage de *L'Âge de glace* – au hasard, Sid, le paresseux foireux. N'empêche qu'il ne faudrait pas que je me cogne la tête… Je tends les jambes pour plaquer mes pieds contre un pilier de métal et je m'agrippe comme je peux à tout ce que je trouve. Très vite, les premières munitions sont tirées. Des obus longs comme mon avant-bras partent en rafale. Mes camarades, assis sur leurs sièges, restent stoïques. Moi, je sursaute à chaque tir. Surtout, je suis impressionnée par la vision qu'offre le départ du coup, une mécanique que je peux observer grâce à une ouverture donnant directement dans la chambre de l'arme. De la fumée. Un bruit assourdissant. Une vitesse folle.

Pas étonnant que la guerre fascine autant qu'elle inquiète…

Depuis des décennies, ce canon réputé robuste, fiable et peu coûteux, sert fidèlement notre Marine nationale. Aujourd'hui, il semble surtout cantonné aux missions de police des mers, pour lesquelles il se révèle très dissuasif – un canon de ce calibre effraie toujours lorsqu'il est braqué sur une embarcation de taille modeste. Mais il ne faut pas se mentir. Même si ce modèle a connu plusieurs rénovations depuis sa conception en 1953, et bien que chaque pièce soit intégralement changée tous les dix ans, l'esthétique de l'ensemble trahit un âge avancé, que la marine prévoit de pousser jusqu'à quatre-vingts ans, en 2032, je crois. Sachant cela, malgré toute la tendresse que j'éprouve pour ce bateau, et le charme que je trouve à son vieux matériel, je constate qu'il devient urgent de les remplacer par un bâtiment capable d'intimider autre chose que de simples boutres chargés de drogue ou de poissons illégaux. Certes, nous disposons désormais de nos frégates multi-missions, véritables fleurons de la lutte anti-sous-marine, mais elles sont beaucoup moins nombreuses que le prévoyait le programme lancé en 2005, puisque nous n'en avons que huit au lieu des dix-sept annoncées. Et comme elles peuvent être déployées dans différents théâtres ou forces mais que leurs ports d'attache sont Toulon et Brest, il ne faut guère espérer qu'elles patrouillent régulièrement dans les eaux taafiennes… Quel gâchis ! Nous n'avons cessé de réduire la part du PIB consacrée à nos armées alors qu'en parallèle, depuis deux décennies, se joue l'une des plus grandes courses à l'armement de tous les temps. À titre de comparaison, la marine chinoise construit tous les quatre ans l'équivalent de la flotte française en tonnage. Ces chiffres auraient dû nous alerter depuis longtemps. Bien que la guerre en Ukraine ait permis de prendre conscience de cette dysmétrie dangereuse et que, depuis, la tendance ait été inversée, il nous faudra beaucoup de temps pour remonter en puissance… Peut-être nos politiques des dernières décennies auraient-ils dû se donner la peine de lire

L'Art de la guerre de Sun Tzu. Les propos suivants les auraient sans doute édifiés :

« La guerre est d'une importance vitale pour l'État. C'est le domaine de la vie et de la mort [...]. Ne pas faire de sérieuses réflexions sur ce qui le concerne, c'est faire preuve d'une coupable indifférence pour la conservation ou pour la perte de ce qu'on a de plus cher, et c'est ce qu'on ne doit pas trouver parmi nous. »

« La perte de ce qu'on a de plus cher... » Cette phrase trouve en moi un écho singulier. Sans doute parce qu'elle résume en très peu de mots la raison profonde de mes engagements : ma préparation militaire supérieure dans la marine, mes années de réserve dans l'armée de terre, mes séjours dans les bataillons kurdes de Syrie... Longtemps, j'ai attribué mon tropisme guerrier à l'admiration que j'éprouve pour plusieurs grandes figures familiales – mes oncles, notamment, marins ou soldats. Mais désormais je relativise cette influence qui ne suffit pas à expliquer mon désir de servir mon pays. Au fond, je crois que je suis reconnaissante à la France de m'avoir fait cadeau d'une grande amitié, la première de ma vie, à vrai dire : celle de sa littérature. La littérature m'a ouvert un monde secret où, pendant des années, j'ai pu me réfugier. Elle m'a apaisée, protégée, éveillée, éduquée, consolée, à une époque où je me demandais si quelque fée maligne ne m'avait pas jeté un mauvais sort. La littérature m'a appris le courage, la générosité, la volonté et la résilience. C'est à elle que je dois en partie ce que je suis à présent. Et c'est pour elle que je veux défendre, par le glaive et par la plume, une certaine idée de la France.

Dimanche 26 février

Il est 1 heure du matin.

Voilà près de trois heures que je me retourne dans ma bannette sans parvenir à trouver le sommeil. En désespoir de cause, je finis par me lever pour traverser le bateau endormi et me rendre à la passerelle pour rejoindre l'équipe de quart du zérac, la période de minuit à 4 heures du matin. Comme chaque soir après le coucher du soleil, elle est plongée dans une pénombre où seuls brillent quelques voyants, écrans et lampes rouges à la lumière discrète. En entrant, mes yeux peinent à distinguer la moindre silhouette.

« C'est Katell », dis-je en réponse au silence interrogatif qu'a suscité mon entrée. Une voix me répond, que j'identifie immédiatement comme étant celle de l'enseigne de vaisseau Fabien, avant de reconnaître celle de l'aspirant Florian, du second maître Cyril et du second maître Alexandre, qui tient en ce moment la barre du bateau.

« Tu as mal choisi ton jour, l'équipe de ce zérac est nulle ! me lance Fabien, caustique, avant de se contredire dans un sourire. Je plaisante. Tu vas voir, lorsqu'on le passe avec des gens intéressants, il ne manque pas de charme. L'ambiance est plus intime, et on aborde des sujets plus profonds que durant les autres quarts. »

Une fois encore, je m'étonne de la remarquable aptitude des marins à faire plusieurs choses à la fois : Fabien passe de l'étude d'une carte papier à l'écran radar, puis au GPS, sans cesser de suivre la conversation que nous avons entamée. Quant à moi, je suis assise en tailleur au pied du placard en bois qui jouxte le siège du pacha, trop heureuse d'avoir le temps de discuter avec mes camarades, habituellement très accaparés.

Je ne sais comment nous finissons par parler de conformisme social mais Fabien ne manque pas d'avis sur la question. Ses principaux souvenirs remontent à l'École navale où des élèves-officiers à l'éducation classique n'ont pas manqué de pointer ses supposées erreurs de langage ou de savoir-vivre : « J'en avais assez de ces "on ne dit pas ceci", "on ne fait pas cela", m'explique-t-il. J'y voyais un mépris de classe. Et cela m'attriste de constater comment certains de mes camarades ont renié leur milieu social d'origine pour mieux se fondre dans la masse. Ils nouent leur pull sur leurs épaules et portent des chaussures bateau, pas par goût, mais parce qu'ils savent que c'est l'uniforme des "tradis"... Il y en a même qui se rendent à l'église dans le seul but de se faire bien voir de leurs chefs ! C'est vraiment dommage... »

Je vois très bien ce que veut dire Fabien. Et je dois avouer que certaines de ces règles, qui tiennent souvent du réflexe pavlovien, m'irritent beaucoup. La plupart relèvent davantage du snobisme que de la volonté de défendre l'art de vivre à la française ou la beauté de notre langue. Un exemple emblématique me vient à l'esprit. Avez-vous déjà constaté l'air gêné ou condescendant que prennent certaines personnes lorsque vous lancez « bon appétit » avant de commencer un repas ? Ce que la majorité des Français considèrent comme une phrase conviviale est une abomination aux yeux de ceux qui estiment détenir le monopole du bon goût. La raison est que « bon appétit » ferait, selon eux, référence à la digestion, une fonction du corps humain certes nécessaire mais peu ragoûtante... On peut pourtant se demander dans quel esprit compliqué est née une telle corrélation. Pour ma part, je ne la vois pas. Tout ce que je sais, c'est que Victor Hugo fait dire à Ruy Blas, dans la pièce de théâtre éponyme, une tirade commençant par ces deux mots, et qu'en ce qui concerne la langue, je préfère m'en remettre à Victor Hugo.

J'ai dormi de 3h45 à 9heures environ. Ce samedi est une journée du dimanche, le bateau s'éveille donc tard. Moi qui croyais m'être amarinée depuis longtemps déjà, je renoue avec mes nausées de début de mission. Le temps est très agité, comme le confirme le point météo du premier maître Nicolas :

Très nuageux à couvert.
Mer 5
Vent de nord-est 20 nœuds, vire sud-est
30/40 nœuds
Le cyclone Enala coupe notre PIM[1]*,*
fait grossir la mer jusqu'à 4 mètres
de creux dans la soirée
L'œil doit être à 100 nautiques du bateau,
à peu de chose près

Je crois que cette journée est la pire que nous ayons connue. Le navire est secoué de toutes parts. Dans les carrés, les fauteuils – même occupés – se déplacent de plusieurs mètres. À table, les marins façonnent de petites boules de mie de pain qu'ils

1. PIM veut dire *Plan of Intended Movement.* C'est la route suivie par le bateau, à laquelle on associe une planification : heure prévue de départ, heure de passage à chaque point de la route, heure prévue d'arrivée.

collent sous leurs assiettes pour qu'elles ne glissent pas au moindre mouvement du bateau. Mais on ne peut pas tout contrôler, notamment en cuisine, où des bruits de casse se font entendre régulièrement. Le traditionnel « Attention, on va rouler ! » annoncé par haut-parleurs arrive souvent trop tard pour que quiconque ait pu prendre ses précautions. Ainsi le bosco, en tentant de rattraper des verres en train de tomber dans le carré OM/OMS, a-t-il vu l'un d'eux rebondir dans sa main et l'entailler profondément. Pour le recoudre, notre médecin, Maelenn, a été obligée de demander à la passerelle de choisir une route de navigation plus calme afin de limiter le roulis, le temps de lui faire ses trois points de suture... Il paraît que ce genre d'incident est assez courant sur les bateaux. Comme il arrive de perdre un doigt à cause d'une porte qui claque !

Avant le déjeuner, le major infirmier, Jean-Marie, m'invite à boire une bière. Nous parlons de ses embarquements, de la vie de marin en général, de la vie tout court. Nous tombons d'accord sur le fait que même si nos existences comportent de nombreuses contraintes, nous nous sentons chanceux de les mener ainsi car vivre intensément nous plaît davantage que de couler des jours tranquilles ou d'accumuler les possessions matérielles.

Je lui confie ma tristesse de tous les quitter dans quelques jours, moi qui me suis tellement attachée à eux…

Il me lance alors : « Tu fais partie de l'équipage. »

Je n'ose lui dire à quel point cette phrase compte à mes yeux.

Chapitre VIII

S'en aller vers d'autres Florides

Lundi 27 février

Cet après-midi, je décide de suivre l'un de mes bons camarades, le matelot Pierre-Gabriel, à l'arrière du bateau où se trouvent les lignes d'arbres, gigantesques tubes de métal au bout desquels sont fixées les hélices des moteurs qui propulsent le bateau. Le vacarme est assourdissant au point d'en être douloureux pour mes oreilles. Je m'empresse de les protéger avec des bouchons de cire. Le temps de franchir un petit passage et nous voilà dans un local étroit et tortueux, parcouru de tuyaux brûlants. J'y découvre une étrange bassine équipée d'un robinet : le séparateur à gasoil – une machine qui, grâce à un empilement de cônes métalliques, permet de filtrer le carburant. Des cônes que Pierre-Gabriel doit nettoyer tous les trois jours, surtout depuis que nous avons fait le plein aux Kerguelen – il semblerait que le carburant, là-bas, soit d'une qualité médiocre. En tant que gasolier du *Nivôse*, il est chargé de gérer l'approvisionnent de nos zodiacs, du *Panther*, mais aussi et surtout de la frégate, dont on gère la consommation par un jeu de vases communicants qu'il me serait impossible de retranscrire ici. Il m'explique :

« Il faut que je sois très vigilant car le remplissage du carburant dépend directement de la vitesse du bateau et de si nous sommes sur deux ou quatre moteurs. Je dois parfois me réveiller en pleine nuit pour tourner tel ou tel robinet. La gestion du carburant, c'est capital. Sans ça, on n'avance pas, et si on n'avance pas, on ne va nulle part ! »

Un raisonnement certes prosaïque... mais on ne peut plus juste !

Ce soir, au carré commandant, l'enseigne de vaisseau Roland m'interrompt pendant une partie de cartes :

« Katell, j'ai imprimé la partition que tu m'as transmise l'autre jour. Je peux la jouer maintenant si tu veux. Puisque tu t'en vas bientôt... »

Je saute de joie. Il s'agit de « La Ballade de Johnny-Jane », une chanson de Jane Birkin écrite et composée par Serge Gainsbourg. J'aime ses paroles d'une poésie trash et sa mélodie indescriptible, à la fois légère et mélancolique. Mon frère, à qui je dois une grande partie de ma culture musicale, me l'a fait découvrir lorsque j'étais adolescente. Je ne sais pourquoi je rêve de l'entendre jouer sur ce bateau. Je suis touchée que Roland ait la délicatesse de me faire ce plaisir. Je m'approche du piano électronique où il tente de déchiffrer la tablature qu'il a posée sur le pupitre du clavier. Comme il n'a jamais entendu cet air d'une autre génération et que la connexion Internet de l'ordinateur du carré ne permet pas d'aller sur YouTube, je tente de le guider de la voix :

« Hey, Johnny-Jane, toi qui traînes tes baskets et tes yeux candides… »

Mais il peine un peu.

« Je vais essayer à la guitare », dit-il en attrapant celle qui repose près du piano.

C'est alors qu'arrive la commissaire du bord.

« Bertille, dit Roland. Tu peux nous accompagner au piano ?

— Pas de problème », répond-elle en prenant place sur le tabouret, tandis que Roland se tient debout sur sa droite et moi, sur sa gauche. « "La Ballade de Johnny-Jane" ? demande-t-elle en parcourant la feuille. Je ne connais pas… Katell, vous me donnez l'air ? »

Claquant des doigts pour battre la mesure, je reprends :

Hey, Johnny-Jane,
Toi qui traînes tes baskets et tes yeux candides,
Dans les no man's land et les lieux sordides.
Hey, Johnny-Jane,
Les décharges publiques sont des Atlantiques,
Que survolent les mouches cantharides.

Grâce au talent et à la dextérité de mes camarades, piano, guitare et voix s'accordent en quelques secondes. Nous chantons à tue-tête, trop vite, mais avec tant d'enthousiasme que personne n'ose nous interrompre – pas même nous, qui ne cessons de répéter en boucle l'unique strophe que Roland a imprimée.

Lorsque finalement nous nous taisons, Bertille nous avoue :

« C'est drôle, en temps normal je n'apprécie pas Gainsbourg, mais cet air-là me plaît. »

Je souris intérieurement.

Quelque chose me dit que j'aurais eu moins de succès avec « Sex shop » ou « Glass securit »...

Mardi 28 février

Dernier jour de mer.

Nous serons à quai demain matin.

Je décide de passer la matinée en cuisine, où je ne suis presque jamais entrée autrement que pour saluer les équipes, rapporter mon assiette après un repas au carré OM/OMS, humer le fumet d'un plat en préparation, ou encore chiper des restes dans le frigo pour me faire un frichti tard le soir avec un camarade. J'arrive sur le pas de la porte qui donne sur la coursive principale. J'y trouve le cuisinier, Nico, un officier marinier aux yeux cernés et cheveux poivre et sel. Je demande :

« Quel est le menu aujourd'hui ?

– Harengs pomme à l'huile, poulet basquaise et gnocchis, pâtisserie au chocolat.

– Chouette ! Je peux donner un coup de main ?

– Bien sûr ! Attends, je vais te trouver de quoi protéger ta tenue. »

Il part me chercher une veste et un tablier en coton blanc impeccablement repassés que je revêts aussitôt, avant de me contorsionner afin d'étudier ma silhouette. L'ensemble est très seyant, bien plus élégant que ces vilains tabliers en plastique que portent de nos jours tant de professionnels de la restauration. Je me prends déjà pour Paul Bocuse ! Je rejoins la partie de la cuisine où se trouvent les appareils de cuisson et je propose mes services à un cuisinier mahorais du nom d'Abdu. J'aime bien Abdu. Avec ses grands yeux placides et son sourire débonnaire, on pourrait se demander s'il lui est un jour arrivé de perdre ses nerfs. Il n'avait que dix-sept ans lorsqu'il a quitté Mayotte pour la Métropole avant de s'engager dans la Marine nationale, six ans plus tard, comme simple motel d'abord, puis comme cuisinier. « Tu peux ouvrir les gnocchis, me dit-il en désignant d'énormes sachets en plastique. L'eau est bientôt prête. » Je regarde le grand bac en inox dans lequel frémit l'eau et je l'imagine soudain se déversant sur moi sous l'effet d'un mouvement intempestif du bateau, m'ébouillantant au passage. « Tout est fait pour éviter cela, me précise-t-il. Normalement le bateau ajuste sa route à l'heure des repas mais aussi pendant les heures de préparation, afin qu'on soit moins secoués. On appelle ça une route alimentaire. Mais ça ne supprime pas tous les risques. Le plus dangereux serait qu'un élément de la cuisine tombe, ce qui peut arriver lorsque le bateau subit beaucoup de secousses. Les vis fixant le matériel sautent parfois. Pendant ma TAAF de 2013, le bar s'est renversé, les tables de la salle à manger se sont détachées du sol malgré les fixations et sont parties à l'autre bout de la pièce. Le *Nivôse* avait une gîte de 45 degrés, on voyait des traces de pieds sur les murs et nous devions dormir sanglés à nos bannettes. »

Nico renchérit : « Moi j'ai connu ma pire mer à bord du *Latouche-Tréville*. C'était en 2004, en mer de Chine. Les vagues étaient si hautes que le bateau passait dessous ! On nous a interdit de bouger à bord pendant quatre heures. Il y a eu de la casse, on a même une imprimante qui, en se détachant, est allée fracasser une cloison ! Je me souviens que j'ai prié le bon Dieu. J'ai cru que j'allais mourir. »

À 11 heures, la phrase rituelle retentit dans le bateau : « Premier service paré ! Bon appétit ! » C'est le moment pour Benjamin d'envoyer les assiettes du carré commandant à l'aide du monte-plat, tandis que les motels Eliot et Anthony servent les entrées sur les tables du carré OM/OMS. Pendant ce temps, Abdu et moi préparons les assiettes du plat principal près de la rampe devant laquelle passent matelots et quartiers-maîtres. Ils composent eux-mêmes leur plateau, choisissant entrées et desserts comme dans un self. Ils se marrent en me découvrant vêtue d'une tenue de cuisto et une écumoire à la main devant mes bacs de gnocchis au fromage et poulet basquaise : « Katell, c'est toi qui nous sers aujourd'hui ?

— Oui, mais sous le contrôle d'Abdu ! »

Nous ne sommes pas trop de deux pour assurer cette tâche car le rythme est soutenu. Il nous faut également faire les assiettes du carré OM/OMS, que les motels viennent nous commander en tenant compte des demandes particulières. « Celles-ci sont pour Leurs Altesses », dit Eliot avec un sourire taquin en parlant des OMS les plus âgés, dont on dit qu'ils sont difficiles à contenter. Je pouffe de rire. L'ambiance est excellente, très joyeuse.

Il est 14 heures passées quand sonne la fin de la bataille, après un dernier coup de raclette sur le sol mouillé des cuisines. Je suis fatiguée mais ravie de cette expérience. Quel dommage de ne pas avoir pris plus tôt cette initiative…

À 17 heures se fait entendre la diffusion du dernier SECUREX de cette mission TAAF: « Pour exercice: incendie en PLH à la suite du crash du *Panther.* » Comme à chaque fois, le bateau passe du calme à l'effervescence en quelques secondes. Ça s'active dans la coursive principale que des dizaines de marins arpentent dans tous les sens, le visage fermé. Certains déroulent de gigantesques tuyaux rouges, d'autres distribuent de gros sacs marins verts sortis de placards métalliques. Je m'approche timidement de ces derniers en cherchant le Flot 1 du regard. C'est sur lui que repose mon dernier espoir d'étrenner la tenue de pompier lourd, un souhait que j'ai formulé tout à l'heure auprès du Comanav, le commandant adjoint navire, en prenant des airs de première communiante:

« Ce serait vraiment formidable. Je me rendrais mieux compte des difficultés rencontrées par ceux qu'on envoie combattre le feu en première ligne…

— Je n'y vois pas d'objection, m'a-t-il assuré. Mais comme c'est Quentin qui gère cet exercice, je vais voir ça avec lui. »

J'ignore le résultat de cette démarche et je crains que le Flot 1 ait d'autres préoccupations que de m'intégrer. Mais le voilà qui apparaît et, entre deux ordres criés, me lâche :

« Katell, si tu veux savoir ce que c'est d'être un pompier lourd, c'est maintenant ou jamais !

— Super ! Merci ! » dis-je avant de m'emparer d'un sac et d'emboîter le pas à mes camarades marchant vers l'arrière du bateau pour rejoindre le carré OM/OMS où nous devons nous équiper. Première étape : le bar, où nous ouvrons nos sacs pour en extraire nos équipements ignifugés (surpantalon, surveste à capuche et bottes d'intervention). Nous les enfilons en vitesse et en silence, avant de rejoindre la salle à manger, où nous percevons le triplair, un appareil respiratoire à air comprimé composé de trois bouteilles. On m'aide à l'endosser et je souffle au moment de sentir les 20 kg tirer sur mes épaules. Ensuite, mon équipe et moi sommes sommés de repartir dans la coursive principale. Le but est de retourner vers l'arrière du bateau en progressant par paliers. Chaque fois qu'une équipe de pompiers lourds revient d'un épisode de lutte, nous nous rapprochons de l'endroit où se trouve le feu. Ma vision et mon ouïe sont largement limitées par l'épaisse capuche qui me couvre la tête. Dire que je ne comprends pas ce qui se passe est un euphémisme. Ballottée de pièces en pièces, je me contente d'obéir aux différentes injonctions – avancer ou attendre – avec l'impression d'être un mouton guidé par des patous. À moins que je ne sois un filet de cabillaud à l'étouffée dans sa papillote d'aluminium. Mon corps, mon cou et mon visage ruissellent de transpiration sous mon équipement argenté. Combien de marins avant moi ont ainsi sué dans cet emballage hermétique ? Les minutes qui passent me semblent une éternité et c'est avec soulagement que j'entends tomber l'ordre d'aller sur le lieu du sinistre – une réaction absurde puisque dans un cas réel ce moment serait le plus difficile. Mais peu importe, cette expérience, même édulcorée, confirme ce que je pressentais : progresser en tenue de pompier lourd dans une coursive bondée, à l'ambiance survoltée et parcourue de tuyaux larges comme des boas est éprouvant, même lors d'un simple exercice.

Je n'ose imaginer ce qu'ont vécu les marins du *Nivôse* lors du grave incendie qu'il a subi en octobre 2014, alors qu'il était en mer. Le feu s'est déclaré dans un compartiment machine avant de se propager aux moteurs. L'équipage a dû lutter des heures durant dans des coursives enfumées et privées d'électricité. Le bateau a été sérieusement endommagé et il a fallu que le *Floréal*, puis un remorqueur le ramènent au port de la Pointe-des-Galets. Depuis cette époque, le *Nivôse* possède deux écussons : l'un représentant une allégorie de Marianne, comparable à celui des autres frégates de surveillance de type Floréal ; l'autre, un phœnix renaissant de ses cendres. Magnifique.

Ce soir, je dîne au second service du carré commandant, et non au premier, comme j'en ai coutume. Une infidélité nécessaire pour passer mon dernier repas avec le pacha et les autres officiers. Je me rends compte, un peu confuse, que je leur ai nettement préféré la compagnie de mes jeunes camarades pendant ces dernières semaines. J'espère qu'ils ne me tiennent pas rigueur de ce qui pourrait passer pour une impolitesse… Le repas terminé, Barthélémy et Édouard décident exceptionnellement de changer leurs habitudes et de fumer sur la plage avant du bateau plutôt que sur le pont supérieur. Je leur emboîte le pas. J'aime l'idée de griller une cigarette pour mon dernier soir. D'autant que la nuit est sublime. La lune, ronde et blonde, éclaire la mer comme un phare, découpant au passage la silhouette du canon de 100 mm.

Édouard braque sur moi ses yeux perçants. Il me demande :

« Katell, si tu ne devais retenir qu'une seule chose de cet embarquement, qu'est-ce que ce serait ?

– L'humain. C'est toujours l'humain. La relation qu'il noue avec la mer ; et celle qu'il entretient avec ses semblables. »

Une réponse dont je comprends après réflexion qu'elle omet une donnée de l'équation : moi. Or c'est justement parce que j'ai été actrice de cette aventure, et non simple observatrice, qu'il m'est tellement difficile d'accepter l'idée de mon départ.

Je sais que le mot d'amour peut sembler excessif, mais je n'en trouve pas d'autre pour exprimer ce que je ressens : j'aime le *Nivôse* et ses marins.

Mercredi 1er mars

Il est 4 h 15 du matin lorsque je rejoins la passerelle pour mon dernier quart de nuit. La conduite du bateau est assurée par la commissaire Bertille, l'aspirant Roland et les seconds maîtres Thomas et Cyril.

« Bah alors, Katell, on a cru que tu avais eu une panne de réveil ! blague Roland.

– Tu plaisantes, dis-je, je ne manquerai ce quart pour rien au monde ! »

Les portes latérales grandes ouvertes brassent un vent d'une tiédeur délicieuse et m'invitent à me rendre sur l'aileron tribord pour contempler La Réunion endormie, que nous longeons par la côte ouest et dont les lumières brillent comme une gigantesque couronne. Roland et Bertille me rejoignent et je nous sens un peu émus. Mais peut-être suis-je la seule à percevoir les choses ainsi. Après tout, même si cette journée sonne la fin de cette mission, il n'y a que moi qui quitterai le bateau tout à l'heure. Tous les autres reprendront la mer pour s'en aller vers Madagascar.

À 6h15 du matin, nous longeons toujours la côte ouest. Les rayons de l'aurore, de l'autre côté des montagnes, dessinent l'île comme une ombre chinoise. Un spectacle fascinant. Le long de la coque, dans l'eau que caressent des reflets orangés, ondulent quelques dauphins. « Katell, regardez », me dit le pacha en pointant le vol d'un paille-en-queue aux plumes blanches effilées. J'essaye, tant que je peux, de prendre conscience du paysage, de mon entourage, des sensations et des émotions qui me parcourent – en vain, je le sais. Ma mémoire est paresseuse. Elle ne retiendra de tout cela qu'une impression de beauté teintée de nostalgie.

Le branle-bas met le *Nivôse* en effervescence. Je quitte la passerelle pour rejoindre les manœuvriers à la poupe. Il fait jour à présent. Un temps splendide, à vrai dire. Nous pénétrons le chenal du port de la Pointe-des-Galets et passons devant de grands hangars à sucre avant d'obliquer vers la gauche pour entrer dans la darse Foucque. La lumière est belle et les effluves du port, plus floraux que marins, mettent un peu de baume à mon cœur chagrin. L'idée de passer quelques jours à La Réunion avant de rentrer en Métropole est la seule pensée qui me console de devoir descendre à terre. J'ai prévu de rester au moins le temps que le bateau revienne de mission, afin d'assister à la journée des familles prévue à bord le 11 mars. Mais il ne faut pas que je m'illusionne : l'aventure se termine aujourd'hui. J'ai appartenu pour quelques semaines à cet équipage, mais je ne suis pas l'un de ses marins.

Nous accostons et très vite je comprends que cette journée ne sera pas celle des grandes discussions et des embrassades. Les marins, à quelques exceptions près, n'auront pas une minute à eux. Pour la première fois depuis le départ, je me sens désœuvrée, vraiment inutile. Il y aurait pourtant mille choses à noter sur mon carnet, mais je n'y arrive pas. J'erre dans les coursives comme une âme en peine. L'aspirant Roland, en riant, me taquine : « C'est vrai que tu ne servais à rien sur le bateau ! Et pourtant, tu y laisseras une empreinte. Ce sera étrange de continuer sans toi. » Il n'a pas totalement tort. Je n'avais aucune utilité concrète à bord du *Nivôse*. Pas d'autre mission que d'écrire un livre.

À 17h15, moment comique. Enfreignant une règle de sécurité élémentaire – ne jamais courir sur un bateau –, je traverse en toute hâte la plateforme hélicoptère en trimballant sur mon dos je ne sais combien de sacs remplis de manchots en peluche, de livres, affiches et goodies achetés à bord ou sur les îles. Je suis suivie de près par un officier-marinier qui, généreusement, s'est proposé de m'aider à porter mon lourd sac marin. « Attendez ! dois-je lancer à ceux qui démontent la passerelle. Je descends ! » Fidèle à moi-même, j'ai attendu le dernier moment pour quitter le bateau.

Je suis sur le quai à présent. Prête à regarder le *Nivôse* repartir. J'y tiens. Je ne peux pas simplement tourner le dos et m'en aller comme le ferait une touriste. Je repense à ce que m'a dit le major infirmier, au moment des au revoir : « Ce sera incroyable lorsque tu t'en iras tout à l'heure. Tu verras que des dizaines d'entre nous iront sur les extérieurs quand ton départ sera signalé par les haut-parleurs du bord. » Mais aucune annonce n'est faite. Et je sais que l'heure n'est pas propice aux adieux, puisque tout le monde est à son poste, prêt pour l'appareillage. « C'est ce que je craignais, me dis-je. Le bateau va partir et personne ne se rendra compte que j'en suis descendue. »

C'est alors que résonne cette phrase dans le silence de la darse :

« Katell Faria quitte le bord. »

Je mords l'intérieur de mes joues comme je le faisais, enfant, pour retenir mes larmes. Et tandis que le *Nivôse* commence à reculer pour sortir du port, j'aperçois plusieurs de mes camarades là-haut, sur la plateforme supérieure. Il y a le major infirmier, bien sûr, mais aussi ce cher Roland qui, gentleman, lève sa casquette en signe d'amitié, et les manœuvriers, sur la plage avant, qui agitent leurs bras pour me dire au revoir.

Il est 17 h 30, la chaleur est torride et le soleil écrasant. Je ruisselle sous ma veste et mon pantalon de jean, dans lequel j'explose littéralement.

Le *Nivôse* s'en va.

Et je reste sur le quai.

« Ça y est, me dis-je en écrasant une larme de l'index. C'est fini. »

Une deuxième larme coule. Puis une troisième. La nostalgie tombe sur moi comme une bruine.

Je m'éloigne de la darse et, chargée comme une bête de somme, quitte le port pour trouver un café. Je finis par dénicher une terrasse sans charme et je commande une drôle de limonade, que je sirote en tentant de sonder mon état d'esprit.

C'est étrange. Malgré mon vague à l'âme, je me sens soulagée d'un poids. Pourquoi ?

Sans doute parce que cet embarquement a tenu une autre promesse que celle de me faire vivre une aventure formidable. Il a aussi apaisé les blessures amoureuses qui, depuis un an, m'atrophiaient de l'intérieur. J'ignore si j'en suis guérie. Mais l'étau qui tenait mon buste a desserré son étreinte. Oui, c'est cela, je respire mieux. Ces histoires sont des pages que je viens de tourner.

Jamais je ne cesserai d'aimer ces hommes. Il m'est impossible de retirer ma tendresse et mon affection à quelqu'un pour qui j'ai éprouvé des sentiments sincères et profonds. L'amour change. Il ne s'efface pas. Mais je suis prête à aimer de nouveau. Oh, je ne me fais pas d'illusion en ce qui concerne l'avenir. De ces tourments je ne tirerai nul enseignement. Nulle sagesse. Nulle prudence. Un jour proche ou lointain, un autre homme fera irruption dans ma vie pour la bouleverser. Alors, d'un coup de dague, j'ouvrirai ma poitrine pour en arracher mon cœur et le tendre, tout chaud et palpitant, à l'être de mes pensées.

Je ne sais pas faire autrement.

De toute manière, le meilleur est à venir – du moins je veux le croire. Je tiens cette certitude d'un petit livre découvert à l'âge de neuf ans et qui, depuis, n'a jamais quitté ma bibliothèque. Pendant des mois, il avait habité mon âme d'enfant pour en chasser la solitude. Je le relisais sans cesse, avec l'intime conviction qu'il tentait de me dire quelque chose. Il a fallu que je devienne adulte pour comprendre que son message tenait à son titre :

« Après la pluie, le beau temps. »

Épilogue

Cette nuit, j'ai fait un rêve d'une grandiloquence et d'une mégalomanie que je ne soupçonnais pas chez moi.

J'ai rêvé que la nuit de ma mort, un fantôme naîtrait de mon corps et s'élèverait dans le ciel noir pour rejoindre l'Atlantique Sud, non loin des côtes brésiliennes. Rapide et léger, survolant l'immensité miroitante, il atteindrait le lieu où gît le porte-avions *Foch*, avant de plonger dans l'eau sombre. Pendant de longues minutes, il se laisserait couler jusqu'au fond des abysses, où repose la gigantesque épave, telle une Atlantide de métal. Puis, s'approchant de la proue de la carcasse, il poserait les mains sur son armature dévorée par la rouille, les algues et les coquillages. Et par ce geste, le vieux navire reviendrait à la vie. Lentement, patiemment, il nous arracherait tous deux aux profondeurs pour remonter à la surface et se dresser au-dessus des flots écumants, tel un monstre de légende. Un monstre nommé *Revenant*.

Alors, debout sur le pont avant, je prendrais son commandement.

« *Revenant* ! Je t'ordonne de mettre le cap sur les îles Kerguelen, où tu accompliras ta dernière mission de souveraineté ! Désormais, je veux que chaque nuit, et jusqu'au dernier jour, tu fasses claquer ton pavillon aux vents des mers australes pour y frapper d'effroi nos ennemis ! »

Sur ces mots prononcés, le vaisseau fantôme, plus puissant que jamais, s'en irait défendre nos terres et nos mers. Et je crois que nul n'oserait jamais plus nous y provoquer, de peur de connaître l'enfer.

Ainsi régnerais-je sans fin
sur ces horizons sublimes,
Mon corps d'opaline enveloppé
d'un manteau de brume,
Le visage transpercé par les rayons
de soie lunaire,
Mes cheveux d'argent giflés
par les embruns salés.
Invincible. Immortelle. Éternelle.
Maîtresse en ma demeure.

Cet ouvrage a été composé
par Soft Office
et achevé d'imprimer en France
par CPI BUSSIÈRE (18200 Saint-Amand-Montrond)
pour le compte des Éditions Stock
21, rue du Montparnasse, 75006 Paris
en avril 2024

PAPIER CERTIFIÉ

Stock s'engage pour l'environnement en réduisant l'empreinte carbone de ses livres. Celle de cet exemplaire est de :
550 g éq. CO_2
Rendez-vous sur
www.editions-stock-durable.fr

Imprimé en France

Dépôt légal : mai 2024
N° d'édition : 01 - N° d'impression : 2077941
49-51-1727/5